Schreibwege Deutsch

Wege zu Rede und Vortrag

Erarbeitet von Heike Richter
unter Mitarbeit von
Andrea Stadter

C.C.BUCHNER VERLAG

Schreibwege Deutsch
Wege zu Rede und Vortrag

Erarbeitet von Heike Richter
unter Mitarbeit von Andrea Stadter

1. Auflage, 1. Druck 2017
Alle Drucke dieser Auflage sind, weil unverändert, nebeneinander benutzbar.

Dieses Werk folgt der reformierten Rechtschreibung und Zeichensetzung. Ausnahmen bilden Texte, bei denen künstlerische, philologische oder lizenzrechtliche Gründe einer Änderung entgegenstehen.

www.ccbuchner.de

Redaktion: Jutta Förtsch
Satz: ideen.manufaktur, Dortmund
Druck und Bindung: Brüder Glöckler GmbH, Wöllersdorf

ISBN: 978-3-661-12004-1

Vorwort

Zur Konzeption des Heftes

Vorträge und Reden haben eines gemeinsam: Sie werden zu einem bestimmten Anlass vor einem Publikum gehalten. Ihr Unterschied liegt im Schreibziel: Während Vorträge sachlich über fachbezogene Inhalte informieren, hat die Rede eine appellative Funktion und möchte die Zuhörer überzeugen. Mit den beiden Schreibformen kombiniert dieses Arbeitsheft zwei Aufgabenarten der Abiturprüfung: das **materialgestützte Verfassen informierender** sowie das **materialgestützte Verfassen argumentierender Texte**. Da alle Kapitel Aufgaben für beide Schreibformen enthalten, entscheiden Sie selbst, ob Sie beide Schreibformen parallel erlernen wollen oder eine nach der anderen üben.

In allen Kapiteln haben Sie zudem die Möglichkeiten, Ihre eigenen Erfahrungen oder die Erfahrungen Ihrer Lerngruppe einzubringen und zu reflektieren. Solche Aufgaben sind mit einem Asterix* gekennzeichnet und grau hinterlegt.

Den inhaltlichen Rahmen des Heftes bildet das Thema „Kommunikation im digitalen Zeitalter", das die Domänen Sprache und Medien verbindet. Zu diesem Thema finden Sie in **Kapitel 1** zwei Beispieltexte, an denen Sie die unterschiedliche Wirkungsabsicht eines Vortrags und einer Rede erfahren.

In **Kapitel 2** lernen Sie, aus einer Schreibsituation und zwei darauf bezogenen Schreibaufgaben geeignete Schreibstrategien für eigene Texte abzuleiten.

Das **Kapitel 3** enthält eine ausführliche Materialsammlung zum Thema „Hatespeech im Internet". Sie dient der Recherche und inhaltlichen Vorbereitung für Ihren Text. Der große Umfang der Materialien erklärt sich dadurch, dass einige Texte bzw. Grafiken Hintergrundinformationen für den Vortrag und die Rede, einige wiederum nur für eine der beiden Formen liefern. Mithilfe der Aufgaben zu diesen Texten üben Sie das Auswerten und Bündeln von Informationen.

In **Kapitel 4** wenden Sie Ihr Wissen über Vortrags- und Redetexte auf Ihr eigenes Schreibprodukt an, indem Sie einen Schreibplan erstellen. Aufgaben, die auf Rede bzw. Vortrag zugeschnitten sind, helfen Ihnen, Ihren Text schlüssig aufzubauen und angemessen zu formulieren. Sie greifen auf Ihr inhaltliches Vorwissen zurück, das Sie aus den Texten der ersten beiden Kapitel und der Zusammenarbeit in Ihrer Lerngruppe gewonnen haben.

Das **Kapitel 5** zeigt Ihnen mithilfe eines weiteren Beispiels, wie Sie Ihren Text ansprechend gestalten und Ihre Zuhörer einbeziehen. Sie lernen Redestrategien und geeignete rhetorische Mittel kennen und wenden diese auf einzelne Absätze an. Die Schreibprodukte, die bei den Übungen entstehen, können Sie als Bausteine für Ihren eigenen Text verwenden.

Mit einem Flussdiagramm, dem Vortragen Ihres Manuskriptes oder einem Feedbackbogen können Sie in **Kapitel 6** abschließend prüfen, ob Sie alle Anforderungen erfüllt haben bzw. welche Textbereiche Sie überarbeiten sollten.

Nun wünschen wir Ihnen viel Erfolg bei der Arbeit!

1 Rede- und Vortragstexte kennenlernen

1.1 Rhetorische Begriffe erarbeiten

„Man muss einfach reden, aber kompliziert denken, nicht umgekehrt."
(Franz Josef Strauß)

„Keine Gnade mehr mit denen, die nicht erforscht haben und doch reden!"
(Bertolt Brecht)

„Reden lernt man nur durch reden."
(Marcus Tullius Cicero)

_____

„Suche keine Effekte zu erzielen, die nicht in deinem Wesen liegen. Ein Podium ist eine unbarmherzige Sache – da steht der Mensch nackter als im Sonnenbad."
(Kurt Tucholsky)

„Wo es den Rednern an Tiefe fehlt, da gehen sie in die Breite."
(Charles-Louis de Montesquieu)

_____

„Der Redner ist einer, der bewirkt, dass die Menschen mit den Ohren zu sehen vermögen."
(arabisches Sprichwort)

„Für eine gelungene Rede gebrauche gewöhnliche Worte und sage ungewöhnliche Dinge."
(Arthur Schopenhauer)

_____

„Es herrschte das größte Durcheinander, der eine schrie dies, der andere das, und die meisten wussten nicht einmal mehr, warum sie sich eigentlich versammelt hatten."
(Apostelgeschichte 19,22)

_____

1. Markieren Sie die Zitate, die Ihnen am wichtigsten erscheinen. Besprechen Sie mit Ihrem Lernpartner Unterschiede in Ihrer Auswahl.

2. Ordnen Sie die Begriffe aus der Word-Cloud den Zitaten zu.
TIPP: Einem Zitat lassen sich zwei Begriffe zuordnen.

3. Leiten Sie aus den Zitaten ab, was eine gute Rede ausmacht, indem Sie für jede der in der Cloud genannten Kategorie einen entsprechenden Tipp in Ihrem Heft formulieren.

Anschaulichkeit
Authentizität Redeabsicht
Verständlichkeit Übung
Redevorbereitung Klarheit
Redeanlass
Tiefgang

1.2 Rede- und Vortragstexte unterscheiden

Bei einem **Fachvortrag** werden recherchierte Tatsachen und Gedanken sach-logisch und strukturiert wiedergegeben. Während Wissenschaftler auf Kongres-sen und Tagungen den aktuellen Forschungsstand oder neue Forschungsergeb-nisse vorstellen, vermitteln Experten bei Veranstaltungen wichtige Informati-onen. In der Schule sind Sie als Schülerin oder Schüler dieser Experte, wenn Sie ein Thema für einen Vortrag aufbereiten. Auch wenn der Informationsgehalt eines Fachvortrags sehr hoch ist, gilt es, die Aufmerksamkeit der Zuhörer her-zustellen und aufrechtzuerhalten. Während die Zuhörer bei einem Vortrag über ein Thema informiert oder über einen Sachverhalt aufgeklärt werden, hat eine **Rede** eine appellative Funktion und möchte das Publikum von einem Stand-punkt überzeugen.

In diesem Kapitel lernen Sie an zwei Beispieltexten inhaltliche, strukturelle und sprachliche Eigenschaften kennen, an denen sich die unterschiedliche Wir-kungsabsicht eines Vortrags und einer Rede zeigt.

Beispieltext A

Verändert das Internet unsere Kommunikation?
Ein Vortrag des Psychologen und Kommunikationswissenschaftlers
Steffen-Peter Ballstaedt am 20.04.2016

Als ich an die Vorbereitung dieses Vortrags ging, habe ich festgestellt, dass ich den Titel als eine Frage formuliert habe, die wahrscheinlich jeder hier im Raum mit einem „Ja" beantworten wird.
5 Natürlich haben der Computer und das Internet unsere kommunikativen Gewohnheiten verän-dert.
Vor allem Kinder und Jugendliche wachsen in eine völlig andere Kommunikationskultur hin-
10 ein. Wie weit der Computer und das Web in un-ser Leben eingedrungen sind, spüren wir heftig, wenn der Router nicht funktioniert oder der Akku im Smartphone seinen Geist aufgegeben hat. Das ist ein kommunikativer GAU.
15 Nach dem Buch und dem Fernsehen ist das Inter-net wohl das Medium mit dem größten Einfluss auf unser Verhalten. Das Fachwort dafür ist **Mediatisierung:** Men-schen benutzen Medien zur Kommunikation,
20 integrieren sie in ihren Alltag und dadurch ent-stehen neue Verhaltensmuster. Diese wirken wiederum auf die Technik und die Inhalte der Medien zurück. Diese Wechselwirkung führt langfristig zu sozialem und kulturellem Wandel
25 [...]. Man kann Kulturgeschichte als Medienge-schichte schreiben. Beispiele für Mediatisierung:
- In meiner Herkunftsfamilie wurde das Abend-essen auf 20:00 Uhr gelegt, damit mein viel beschäftigter Vater dabei die „Tagesschau" an-
30 schauen konnte.
- Ein aktuelles Beispiel ist der *Fall Böhmer-mann*[1]: Ein mehr oder minder geistreicher Beitrag in einer TV-Satiresendung bestimmt die politische Agenda.

35 Mediatisierung beschreibt den quantitativen und qualitativen Einfluss von Medien auf unsere Gesellschaft und unsere Kultur. Aus der Kulturtheorie von Umberto Eco stammt die Unterscheidung in Apokalyptiker und Inte-
40 grierte. Die **Apokalyptiker** haben eine konserva-tive Haltung und sehen bei jedem neuen Medium in kulturkritischer Absicht nur negative Folgen für die Individuen und die Gesellschaft. Die **Integrierten** sind die ökonomischen Nutz-
45 nießer und Propagandisten eines neuen Medi-

[1] *Zur sogenannten Böhmermann-Affäre kam es, als der türkische Staatspräsident Erdoğan auf ein Gedicht des deut-schen Satirikers Böhmermann hin Strafanzeige erstattete und ein Ermittlungsverfahren eingeleitet wurde.*

ums, die Mainstreamer. Sie haben eine innovative, experimentelle Haltung und sehen vor allem positive Chancen.

Es ist auffällig, dass in der Mediengeschichte zunächst immer die Apokalyptiker überwiegen. Jedes neue Medium wird mit Warnungen begrüßt, die einen Verfall der Kultur und eine Beeinträchtigung des Geistes, unserer kognitiven Fähigkeiten vorhersagen. Ein paar Beispiele: [...]

Buch: Auch das Lesen von Büchern, das ja heute als wertvollste Form der Mediennutzung gefeiert wird, war einmal aus verschiedenen Gründen sehr umstritten. Die Erfindung des Buchdrucks haben nicht alle gesellschaftlichen Institutionen begrüßt, sondern es wurde vor den Folgen des Lesens, vor allem der Lesesucht gewarnt. Die Argumente waren für beide Geschlechter verschieden: Bei Männern wurde vor dem Viellesen (Sachbücher) gewarnt, weil dadurch das eigene Denken verhindert wird: Man kann sich um seinen Verstand lesen! [...]

Bei Frauen geht es vor allem um das Lesen von Romanen. Es führt in fiktionale Welten, macht untauglich für die Wirklichkeit, lenkt von den Alltagsaufgaben ab und führt zu unmoralischen Gedanken und Wünschen. Lesen dient nur der Zerstreuung, die heutigen Leseforscher sprachen von *eskapistischer*[2] Lesemotivation. [...]

Fernsehen: Es wurde vor allem bei den Linken im Umkreis der kritischen Theorie kritisiert, z.B. von Günther Anders, der zwar nach Selbstaussage selbst nicht Fernsehen geschaut hat, aber das nicht Gesehene scharf kritisiert: Die Bilder führen zur Augenzeugenillusion, sie gaukeln Objektivität vor. Der Konsument findet nur Fragmente der Wirklichkeit und büßt den Blick auf das Ganze ein. Das Fernsehen dient vor allem der Zerstreuung, nicht der Reflexion. Und schließlich produziert es vereinzelte Massen-*Eremiten*[3], die vor der Glotze sitzen.

[...] Große Breitenwirkung hatte Neil Postman: „Wir informieren uns zu Tode". Sein Argument: TV-Bilder führen zur oberflächlichen Rezeption, verhindern rationales Denken und führen zur Entleerung von Inhalten, letztlich zur *Infantilisierung*[4] der Gesellschaft. Alles wird zur Show, er prägte das Wort „*Infotainment*"[5]. Fernsehen schafft Idioten.

Computer: Heute füllt Manfred Spitzer die Säle mit der These, dass die Computer vor allem unsere Kinder dumm, dick und gewalttätig machen und zur digitalen Demenz und zu Cyberkrankheit führen. Auch hier ist ein gewisser hysterischer Ton vorhanden [...].

Auffällig ist, dass einige Argumente bei jedem Medium wieder auftauchen: Man fürchtet Auswirkungen der Medien auf Wahrnehmung, Denken, Emotionen und im sozialen Bereich. *Empirisch*[6] standen diese Hypothesen meist auf schwachen Füßen. Oft wird von extremen Fällen ausgegangen.

Ich werde heute weder als Apokalyptiker noch als Integrierter auftreten, sondern ein paar Fakten präsentieren. Langfristige Wirkungen eines Mediums lassen sich ohnehin seriös erst in zeitlichem Abstand erfassen [...]. Ich werde mich zuerst mit Veränderungen in der *sprachlichen*, dann in der *visuellen Kommunikation*[7] befassen, wenn Zeit dazu bleibt, werden wir noch einen Blick auf die **personale** Kommunikation werfen.

Sprachliche Kommunikation

Neue Schreibformate und Textsorten: In der Online-Kommunikation wird mehr geschrieben als je zuvor: SMS, E-Mails, Posts und Tweets in sozialen Netzwerken, Blogs, Chats, Foren usw. Allerdings geht die Zeit der privaten handgeschriebenen Briefe vorbei. Seit 2007 sinkt das Briefaufkommen, allerdings nicht so drastisch, wie man vielleicht erwarten könnte. Bei privaten Briefen nur etwa 4%. Es wird viel geschrieben, auch von

---

[2] *eskapistisch: Adjektiv zum Nomen Eskapismus: Realitätsflucht und Ausweichen in Illusionen, Zerstreuungen und/oder Vergnügungen*

[3] *Eremit: ein allein und zurückgezogen lebender Mensch*

[4] *Infantilisierung: Nomen zum Verb infantilisieren: geistig unselbstständig machen, verkindlichen*

[5] *Infotainment: Kurzwort aus „Information" und „Entertainment", meint die Vermittlung von Nachrichten und Bildungsinhalten durch aufgelockerte, unterhaltsame Präsentation im Fernsehen o.Ä.*

[6] *empirisch: auf Erfahrung, objektiver Beobachtung und/ oder wissenschaftlich-experimenteller Untersuchung beruhend*

[7] *Die Rede ist um den Abschnitt der „visuellen Kommunikation" gekürzt.*

Menschen, die früher nichts zu Papier gebracht hätten. Aber es wird oft anders geschrieben, vor allem von den *Digital Natives*[8]. Und am neuen Schreibstil entzündet sich wieder Kritik.

130 **Schreibstil:** Schauen wir uns [...] einen Chat an [...], fällt der laxe Umgang mit Rechtschreibung und Grammatik auf und man findet zahlreiche sprachliche Merkmale, die alle auf ein hastiges Schreiben verweisen:
135 • unsorgfältige Rechtschreibung
• keine Korrektur von Tippfehlern
• durchgängige Kleinschreibung
• fehlende Interpunktion
• Ellipsen und Anakoluthe
140 • Apokopen: *müd*, *geh*
• Elisionen: *ne*
• Inflektive: *freu*, *grübel*
• Interjektionen: *hä*, *oh*
• Abkürzungen und Akronyme: *we*, *lol*
145 Der Schreibstil übernimmt oder simuliert Merkmale der mündlichen Kommunikation, die Linguisten sprechen von **sekundärer Schriftlichkeit** [...].

Ist das jetzt sprachlicher Verfall? Als Psychologe
150 bin ich weniger an der Bewahrung des Systems Sprache (der Langue) interessiert als daran, wie Menschen Sprache konkret benutzen und ob sie damit effektiv und effizient kommunizieren. Sprache ist anpassungsfähig für verschiedene
155 kommunikative Situationen. Beim Chat als getipptem Gespräch muss es z.B. schnell gehen, deshalb bleibt keine Zeit für Korrekturen und man benutzt Abkürzungen und verzichtet auf die Hochstelltaste. Bei der Kommunikation mit Tele-
160 grammen hatte sich wegen der Wortgebühr auch ein funktionaler Schreibstil herausgebildet, der die Grammatik vernachlässigte: Ankunft Freitag 14:00 Uhr. Der Netzjargon ist auch ein bewusst eingesetztes Stilmittel zur Herstellung von Grup-
165 penidentität, zur Inszenierung von Lässigkeit und zum *Impression Management*[9].

Aber das ist nur eine Seite. Es gibt etwa 300 Millionen Blogs im Web, eine Art elektronische Tagebücher, in der sehr sorgfältig und rhetorisch
170 anspruchsvoll formuliert wird. Auch der Blog ist eine völlig neue Kommunikationsform, früher bekam man Tagebücher meist erst posthum zu lesen oder oft auch gar nicht. Für Soziologen wird das einmal eine unschätzbare empirische Quelle!
175 Sofern die Blogs erhalten bleiben, also irgendwie archiviert werden. [...]

Lesen am Bildschirm: Auch das Lesen am Bildschirm wurde anfangs überaus kritisch beurteilt. Da es sich um emittierendes Licht handelt,
180 wurde eine Überlastung der Augen vorhergesagt (ein Argument, das noch aus der Kritik des Fernsehens bekannt war). Erste Studien belegten zudem, dass selektiver gelesen wird, man überfliegt den Text nur (Scanning). Und das hat eine
185 wenig tiefe Verarbeitung zur Folge. Zum Lernen wurden Texte am Bildschirm für völlig ungeeignet gehalten, weil keine Lesestrategien eingesetzt werden (z.B. Unterstreichen, Randnotizen). Schon damals bestand der Verdacht, dass es sich um
190 einen Gewohnheitseffekt handelt. Wer aus der *Gutenberg-Galaxis*[10] kommt, der bleibt dem Print-Medium treu. Neuere Untersuchungen scheinen das zu bestätigen. Eine Lesestudie im Forschungsschwerpunkt „Medienkonvergenz" der
195 Universität Mainz erbrachte beim Vergleich vom Lesen auf elektronischen Lesegeräten und Lesen auf Papier ein interessantes Ergebnis: Die meisten Probanden fanden das Lesen auf Papier angenehmer, aber Daten zu Augenbewegungen,
200 EEG-Messung und Verständnisfragen ergaben keinen Unterschied zwischen den beiden Darreichungsformen. Das Lesen am Bildschirm (Tablet, E-Reader) ist also kein Lesen zweiter Klasse, sondern nur ungewohnt. Bei meinen Zugfahrten
205 fällt mir auch auf, wie viele alte Menschen mit einem elektronischen Lesegerät lesen. Die Vorteile liegen auf der Hand: Das Gerät liegt leichter in der Hand als ein Buch, die Schriftgröße lässt sich einstellen und auch der Kontrast Hintergrund –
210 Schrift ist veränderbar.

---

[8] *Digital Natives: Personen, die mit digitalen Technologien aufgewachsen und in ihrer Benutzung geübt sind. Personen, die sich dagegen erst im Erwachsenenalter damit beschäftigen, nennt man Digital Immigrants.*
[9] *Impression Management: bewusste oder unbewusste Steuerung des Eindrucks, den Personen oder Organisationen auf andere machen*

[10] *Gutenberg-Galaxis: eine durch die gutenbergsche Erfindung ausgelöste Epoche, in der das Buch das Leitmedium war und die durch die digitalen Medien ihr Ende findet*

Wie sieht es mit dem Lernen am Bildschirm aus? Gegenüber dem personalen Unterricht ermöglicht das Internet ja nicht nur das Aufrufen von Texten, sondern auch von Bildern, Audios und Vi-
215 deos: Man kann sich Vorlesungen anschauen und darüber in Chats diskutieren. Die Lernpsychologie hat gezeigt, dass für den Lernerfolg in erster Linie die Aneignungsaktivitäten, die Lernstrategien verantwortlich sind, die Präsentationsform
220 kann diese aber fördern oder behindern. Für das Lernen und Arbeiten am Bildschirm müssen neue Lerntechniken eingeübt werden, z.B. intelligentes Suchen und Recherchieren, die Zusammenstellung von gefundenem Material, neue
225 Formen des Exzerpierens und Notizenmachens usw. Dazu sind große Monitore wichtig, auf denen man mehrere Programme und Dokumente gleichzeitig geöffnet halten kann.

[... gekürzt: **Visuelle Kommunikation**]

230 **Personale Kommunikation**
Die Frage, ob das Internet auch unsere Face-to-face-Kommunikation und menschlichen Beziehungen beeinflusst, ist ein spannendes Thema, mit dem sich auch Sozialpsychologen empirisch
235 und theoretisch beschäftigt haben. Man muss dabei grob zwei Gruppen unterscheiden:

Digital Immigrants: Wer bereits mit einer soliden Identität in die Nutzung des Webs eintritt, der kann meist auch die neuen Möglichkeiten
240 in sein Kommunikationsverhalten integrieren. Dazu zähle ich meine Adressaten hier in diesem Raum.

Digital Natives: Interessant ist die Frage vor allem für diejenigen, die ihre personalen Beziehun-
245 gen und ihre Identität mit dem Smartphone und sozialen Medien entwickeln müssen. Hier stellen sich Fragen wie:
• Nimmt die medienfreie Kommunikation ab?
• Motivieren Flatrates zu exzessiver und bana-
250 ler Kommunikation?
• Wie wirkt sich die permanente Kontrollierbarkeit über das Smartphone auf die Beziehungen aus?
• Wie wirken sich Profile und Avatare im Web
255 auf die Bildung von Identitäten aus?
Es gibt dazu [...] interessante Bücher. [...]
Über die Sozialpsychologie des Internets kann ich ja den nächsten Vortrag halten.

Aufgaben zu Inhalt und Aufbau von Beispieltext A

1. Ordnen Sie die folgenden – ungeordneten – Zwischenüberschriften jeweils einem Abschnitt des Textes zu. Notieren Sie dafür erst die Zeilennummern, dann im Kästchen die entsprechende Reihenfolge.

☐ _____ Allgemeiner Wandel der Kommunikationskultur durch Medien

☐ _____ Auswirkungen neuer Medien auf die personale Kommunikation

☐ _____ Unterscheidung von „Digital Natives" und „Digital Immigrants"

☐ _____ Reaktionen auf neue Medien in der Kulturgeschichte

☐ _____ Auswirkungen neuer Medien auf die sprachliche Kommunikation

Textfunktion
Ein Text kann verschiedene Funktionen ganz oder in Teilen erfüllen. Neben dem Informieren kann ein Text auch argumentierend, appellierend oder illustrierend-unterhaltend sein.

2. Bestimmen Sie auf Basis der Definition von Seite 9 die Textfunktionen von Beispieltext A. Verwenden Sie dafür die folgende Skala.

	+	o	-	
sehr informativ				**wenig informativ**
deskriptiv[1]				**normativ**
argumentierend				**kaum Argumente vorhanden**
appellierend				**keine Appelle vorhanden**
sehr anschaulich				**wenig anschaulich**
sehr unterhaltsam				**kaum unterhaltsam**

3. Kreuzen Sie ausgehend von Ihrer Einschätzung zu den Textfunktionen an, welche Redeabsicht der Redner Ihrer Meinung nach durch seinen Vortrag – hauptsächlich – verfolgt.

◯   ◯   ◯   ◯   ◯

informieren   überzeugen   loben   zum Nachdenken anregen   appellieren

4. Rufen Sie sich folgendes Zitat aus dem Anfangskapitel in Erinnerung: „Wo es den Rednern an Tiefe fehlt, da gehen sie in die Breite." (Charles-Louis de Montesquieu) Beurteilen Sie nun die inhaltliche Tiefe des Beispieltextes A durch ein Kreuz auf folgender Skala.

100% _____ 0%

5. Schätzen Sie die Verständlichkeit des Vortrags ein. Verwenden Sie dafür die folgende Skala, die der Kommunikationspsychologe Friedemann Schulz von Thun entwickelt hat.

	++	+	o	-	--	
Einfachheit						**Kompliziertheit**
Gliederung, Ordnung						**Unübersichtlichkeit, Zusammenhanglosigkeit**
Kürze, Prägnanz						**Weitschweifigkeit**
Mündlichkeit						**Schriftlichkeit**
zusätzliche Stimulanz (meint „Anregung" im Sinne von anschaulichen Beispielen, erhellenden Zitaten, sprachlichen Bildern)						**keine zusätzliche Stimulanz**

[1] deskriptiv: einen Sachverhalt beschreibend, sachlich darstellend; Gegenteil: normativ (maßgebend, Vorschriften machend)

6. Beurteilen Sie den Grad der Strukturierung und der sachlogischen Ordnung des Beispieltextes A durch ein Kreuz auf folgender Skala.

100% _____ 0%

7. Notieren Sie in Ihr Heft in Stichpunkten Ihre eigenen Erfahrungen und Ihre persönliche Einschätzung zu den im Vortrag genannten Entwicklungen:
- Begründen Sie, ob und warum ein leerer Akku auch ein „kommunikativer GAU" (Z. 14) wäre.
- Nehmen Sie eine Selbsteinschätzung vor: Sehen Sie sich selbst im Allgemeinen eher als „Apokalyptiker/-in" oder „Integrierte/n" (vgl. Z. 38–54)?
- Formulieren Sie nach Ihrer Typen-Einschätzung eine für Sie typische Reaktion auf eine aktuelle technische Neuheit.
- Fassen Sie Ihre eigenen Erfahrungen mit dem Lesen und Lernen am Bildschirm zusammen (vgl. Z. 177 ff.).
- Notieren Sie eigene Erfahrungen hinsichtlich der „personalen Kommunikation" (Z. 230–258).

Aufgaben zur Wirkung und Sprache von Beispieltext A

1. Erklären Sie, warum die durch Zeilenzahlen angegebenen Textabschnitte in einem Vortrag für Zuhörer schwer nachvollziehbar oder sogar unverständlich sein könnten.

Zeile 135–144, weil

_____

_____

Zeile 248–255, weil

_____

_____

*2. Formulieren Sie gemeinsam mit Ihrem Lernpartner in Ihrem Heft jeweils einen Verbesserungsvorschlag für beide Absätze.

3. In den Abschnitten, in denen der Referent über das Lesen und Lernen am Bildschirm (vgl. Z. 177-210 und 211–228) spricht, wäre mehr Zuhörerbezug möglich, ohne den Informationsgehalt zu schmälern.
Schreiben Sie in Ihrem Heft einen dieser Absätze so um, dass Sie Ihre eigenen Erfahrungen und die der Zuhörer einbeziehen. Setzen Sie einen der folgenden Anfänge fort:
- *Sie alle haben vielleicht auch schon die Erfahrung gemacht: …*
- *Haben Sie auch schon die Erfahrung gemacht, dass …*
- *Ich selbst finde …*
- *Wenn ich versuche …*

4. Beurteilen Sie die Überleitungen im Text. Listen Sie diese im ersten Schritt mithilfe der Zeilenangaben auf. Es ergeben sich zwei Gruppen. Fassen Sie anschließend zusammen, wodurch sich die beiden Gruppen auszeichnen.

Überleitungen	Z. 18: Z. 211:	Z. 55, Z. 74, Z. 94: Z. 116: Z. 230: Z. 236, Z. 243:
Auffälligkeit		

5. Überarbeiten Sie in Ihrem Heft die Überleitungen aus der zweiten Spalte der Tabelle, indem Sie diese für Zuhörer ansprechender gestalten. Der Wortspeicher kann Ihnen Anregungen dafür geben.

Wortspeicher
- Wie verhält es sich jedoch bei ....?
- Kommen wir nun zu dem Aspekt ...
- Doch wie sieht es in dem Bereich ... aus?
- Betrachten wir das Beispiel/den Bereich ...
- Auf der einen Seite gibt es ...
- Auf der anderen Seite ...
- Ein anderer Bereich wäre ...
- Als erstes/zweites/weiteres Beispiel möchte ich ... nennen.
- Wie – glauben Sie – ist es in dem Bereich ...?
- Dazu können wir ... unterscheiden.

Beispieltext B

Die Würde des Menschen ist unantastbar – außer im Internet?
Rede des Bundesministers der Justiz und für Verbraucherschutz Heiko Maas bei der
Preisvergabe des Schülerwettbewerbs des Deutschen Anwaltvereins am
27. Mai 2016 in Berlin

Sehr geehrter Herr Schellenberg,
meine Damen und Herren,
liebe Juroren,
vor allem aber: liebe Schülerinnen und Schüler!

5 „Die Würde des Menschen ist unantastbar" – so
steht es im ersten Artikel des Grundgesetzes.
Was die „Würde" so ganz genau ist, darüber können Philosophen stundenlang diskutieren. Aber
wenn die Würde verletzt wird, dann erkennt man
10 das, auch ohne ein Philosoph zu sein:
• Wenn in den sozialen Medien Hass und Hetze
über Menschen ausgegossen werden, nur wegen ihrer Hautfarbe oder Herkunft,
• wenn jemand bei Facebook immer wieder be-
15 leidigt, belästigt und bedroht wird – in all diesen Fällen wird die Menschenwürde verletzt.

**Die Folgen von Cybermobbing oder Hass im
Netz sind oft fatal**

Hannah Smith war 14 Jahre alt und eine Schüle-
20 rin in einer englischen Kleinstadt. In dem sozialen Netzwerk, in dem sie aktiv war, wurde sie immer wieder anonym gemobbt: „Stirb, jeder wäre
glücklich darüber" oder „Tu uns einen Gefallen
und bring dich bitte einfach um". Hannah ertrug
25 diese Beschimpfungen nicht mehr und erhängte
sich schließlich in ihrem Kinderzimmer.
Immer wieder gibt es solche Fälle, in denen Jugendliche durch das digitale Mobbing in den
Selbstmord getrieben werden. Im analogen Zeit-
30 alter waren nach Schulschluss wenigstens die
eigenen vier Wände ein Rückzugsraum; im digitalen Zeitalter kann Cybermobbing die Opfer
überall erreichen.

Inzwischen müssen Menschen ihre komplette
35 Identität ändern, weil sie kein normales Leben
mehr führen konnten – und das alles nur, weil
ein Ex-Freund Nacktbilder ins Internet gestellt
hat und man diesen Dreck einfach nicht mehr
aus dem Netz rausbekommt.

40 Es geht aber nicht nur um peinliche Fotos. Es geht
auch um die Art, wie wir miteinander streiten
und diskutieren. Nicht alle Menschen waren damit einverstanden, dass Deutschland im vergangenen Jahr so vielen Flüchtlingen geholfen hat.
45 Aber statt mit guten Argumenten zu begründen,
warum sie das für falsch halten, haben viele Kritiker im Internet einfach nur rumgepöbelt. Da hat
etwa ein Mann aus Mecklenburg-Vorpommern
bei Facebook geschrieben: Die Menschen sollten
50 bei ihrer Flucht übers Mittelmeer „ersaufen" oder
bei „lebendigem Leib verbrennen".
Diese Menschenverachtung, dieser Mangel an
Respekt und diese sprachliche Verrohung bleiben nicht ohne Folgen: Vor kurzem hat die Polizei
55 hier in Berlin neun Wohnungen von Verdächti-
gen durchsucht, die Hass gegen Flüchtlinge, Juden und Muslime im Internet verbreitet hatten.
Eigentlich wollten die Behörden PCs und Laptops
beschlagnahmen. Das haben sie auch, aber sie ha-
60 ben auch zwei Schusswaffen, drei verbotene Mes-
ser und einen Elektroschocker gefunden. Vom
Wort zur Tat ist es offenbar nur ein kleiner Schritt.
Diese Beispiele zeigen: Was im Netz passiert, bleibt
nicht nur virtuell. Es hat enorme Auswirkungen
65 auf unser reales Leben. Deshalb ist es wichtig, sich
mit Grenzverletzungen im Internet zu befassen.
Ich bin daher sehr dankbar, dass der Deutsche An-
waltverein dieses Thema für seinen Schülerwett-
bewerb gewählt hat, und ich freue mich, dass sich
70 daran so viele junge Leute beteiligt haben. Wenn
wir gleich die Beiträge der Preisträger etwas nä-
her kennenlernen, dann werden wir noch viele
gute Ideen bekommen, aber ich will jetzt schon
mal die Frage stellen:

75 Was können wir alle zum Schutz der Menschenwürde im Netz tun? Was können wir tun, damit
wir uns auch im Netz mit mehr Respekt begegnen? Ich sehe da vor allem drei Akteure:

Erstens: Der Staat – also Polizei, Gerichte und
80 **Politiker wie ich – müssen etwas tun.**

Und das machen wir auch. Der Mann aus Mecklenburg-Vorpommern, der bei Facebook allen Flüchtlingen den Tod gewünscht hat, ist nicht einfach so davongekommen. Bei ihm stand noch
85 am gleichen Tag die Polizei vor der Tür und schon einen Tag später hat ihn das Amtsgericht zu 5 Monaten Freiheitsstrafe und einer Geldstrafe verurteilt.

In vielen Fällen ist die Justiz jetzt eingeschritten.
90 Das ist aber nur dann möglich, wenn die Gesetze das vorsehen.

Um vor allem Jugendliche gegen Cybermobbing besser zu schützen, hat der Bundestag das Strafgesetzbuch geändert. Seit 2015 ist es verboten, Fo-
95 tos zu machen, die andere Menschen hilflos zeigen. Also zum Beispiel Betrunkene, die sich nicht mehr unter Kontrolle haben.

Wer peinliche Bilder, die das Ansehen der abgebildeten Person erheblich schädigen können, ins
100 Netz stellt, der kann heute mit Geldstrafe oder bis zu 2 Jahren Gefängnis bestraft werden.

Das Nacktfoto aus der Umkleidekabine oder das Foto von der Prügelei im Pausenhof – das kann die Menschenwürde verletzen und fatale Folgen
105 haben. Deswegen sagen wir: Hier hört der Spaß auf! Das ist kein Streich mehr! Wer so was ins Netz stellt, handelt kriminell!

Zweiter Punkt: Soziale Netzwerke wie Facebook müssen mehr dafür tun, damit Hass und
110 **Hetze aus dem Netz verschwinden.**

In Deutschland gibt es Meinungsfreiheit, aber keine Freiheit ist grenzenlos. Wer andere Menschen beschimpft und beleidigt oder wer dazu aufruft, Flüchtlingsunterkünfte anzuzünden, der macht
115 sich strafbar. Es ist deshalb keine Zensur, wenn ein Unternehmen darauf achtet, dass es keine Plattform zur Begehung von Straftaten wird.

Bislang waren soziale Netzwerke wie Facebook viel zu langsam beim Löschen von Hass-Postings.
120 Aber die Internet-Anbieter haben zugesagt, dass sie rechtswidrige Inhalte künftig innerhalb von 24 Stunden löschen. Ob diese Zusage eingehalten wird, werden wir sehr genau beobachten. Wir haben deshalb im April einen Monitoring-Prozess
125 gestartet, d.h. wir lassen überprüfen, ob Facebook und andere tatsächlich auf Beschwerden schnell reagieren und Hass-Kommentare rasch löschen.

Dritter und wichtigster Punkt für mich: Wir brauchen Zivilcourage auch im Netz.

130 Egal, ob auf dem Schulhof, in Foren oder Chats: Wenn jemand gegen Ausländer, Muslime, Juden oder wen auch immer pöbelt, dann muss man ihm widersprechen. Wenn jemand wilde Gerüchte verbreitet, dann muss man ihn mit Fak-
135 ten aus seriösen Quellen widerlegen. Und wenn jemand Pauschalurteile fällt, ohne konkret zu werden, dann muss man einfordern, dass er auch belegt, was er behauptet.

Natürlich braucht man für all das kluge Strate-
140 gien. Wie man sich am besten verhält, dafür gibt etwa die Seite „netz-gegen-nazis.de" viele gute Tipps.

Wichtig ist auf jeden Fall, dass auch im Netz nicht diejenigen eine Debatte bestimmen, die am lau-
145 testen schreien und besonders aggressiv auftreten. Wenn solche Leute den Ton angeben, dann zieht sich die Mehrheit der Vernünftigen schnell zurück.

Zivilcourage und Widerspruch brauchen wir aber
150 nicht nur, wenn es um politische Debatten im Netz geht.

Auch bei Mobbing im Netz brauchen wir Menschen, die nicht einfach wegklicken, sondern die handeln: Menschen, die sich den Tätern entgegen-
155 stellen, den Opfern beistehen und die Hilfe holen. Im Netz geht das oft viel einfacher als auf dem Schulhof. Die Anonymität hilft ja nicht nur den Tätern, sich zu verstecken, sondern sie macht es manchmal auch einfacher, solidarisch zu sein
160 und denen beizustehen, die Hilfe brauchen.

Der Staat und die Internet-Unternehmen, die sind natürlich wichtig, aber am Ende hängt von uns ab, ob wir zulassen, dass die Menschenwürde unserer Mitschüler und Mitmenschen verletzt wird.
165 Fritz Bauer war ein kluger Jurist, der sich viel mit der Menschenwürde beschäftigt hat. Er hat mal gesagt: „Wir können aus der Erde keinen Himmel machen, aber jeder von uns kann etwas tun, dass sie nicht zur Hölle wird." Ich finde, wir
170 sollten alles dafür tun, damit auch das Internet für niemanden zur Hölle wird!

Herzlichen Dank, dass Ihr bei diesem Wettbewerb mitgemacht habt und jetzt bin ich gespannt, wer die Gewinner sind.

Aufgaben zum Inhalt und Aufbau von Beispieltext B

1. Formulieren Sie eine passende Überschrift für die angegebenen Abschnitte.
Bestimmen Sie die Funktion, die der jeweilige Abschnitt im Text übernimmt.
Nutzen Sie dafür die Begriffe aus der Wolke.

Zeilen	Überschrift	Funktion
Z. 1–16		
Z. 17–39		
Z. 40–62		
Z. 63–74		
Z. 75–78		
Z. 79–107		
Z. 108–127		
Z. 128–160		
Z. 161–171		
Z. 172–174		

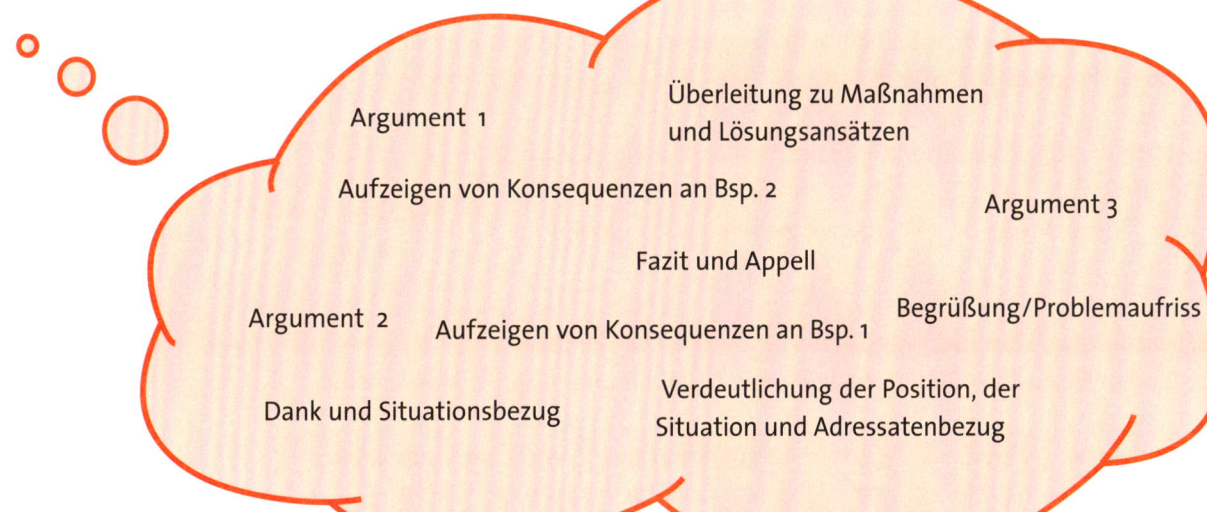

Argument 1

Überleitung zu Maßnahmen und Lösungsansätzen

Aufzeigen von Konsequenzen an Bsp. 2

Argument 3

Fazit und Appell

Argument 2

Aufzeigen von Konsequenzen an Bsp. 1

Begrüßung/Problemaufriss

Dank und Situationsbezug

Verdeutlichung der Position, der Situation und Adressatenbezug

2. Notieren Sie in Stichpunkten die wichtigsten Inhalte zum Problem, den Folgen und Maßnahmen von Grenzverletzungen im Internet.

Problem (Z. 1–16, Z. 40 f., Z. 52 f. Z. 65 f.)	Folgen (Z. 27–39, Z. 54–65)	Maßnahmen (Z. 79–160)

3. Bestimmen Sie die Textfunktionen von Beispieltext B. Verwenden Sie dafür die folgende Skala.

	+	o	-	
sehr informativ				wenig informierend
normativ				deskriptiv
argumentierend				kaum Argumente vorhanden
appellierend				keine Appelle vorhanden
sehr anschaulich				wenig anschaulich
sehr unterhaltsam				kaum unterhaltsam

4. Markieren Sie im Text alle Stellen, an denen Beispiele die Ausführungen veranschaulichen.

5. Kreuzen Sie an, welche Redeabsicht der Redner in Beispieltext B Ihrer Meinung nach – hauptsächlich – verfolgt.

○   ○   ○   ○   ○

informieren   überzeugen   loben   zum Nachdenken anregen   appellieren

6. Formulieren Sie in wenigen Sätzen die Position des Redners. Binden Sie aus den Beispielen geeignete Formulierungen zur Redeabsicht ein.

> **Beispiel:** *Der Redner informiert über / fordert auf / regt ... zum Nachdenken an über ... / lobt ... / möchte von ... überzeugen*

*7. Sammeln Sie Ihre Erfahrungen mit Fotos und Kommentaren in sozialen Netzwerken, indem Sie alles ankreuzen, was auf Sie zutrifft.

○	○	○	○	○	○	○
Von mir wurden auch schon Bilder verbreitet, die mir heute peinlich sind.	Ich habe von Mitschülern/-innen schon peinliche Bilder gesehen.	Ich habe auch schon einmal einen beleidigenden Kommentar erhalten.	Ich war selbst schon von Hass im Netz betroffen.	Ich habe im näheren Umfeld erlebt, dass jemand davon betroffen war.	Ich kenne bekannte Fälle aus den Medien.	Ich habe solche Kommentare schon gelesen.

*8. Fassen Sie Ihre Erfahrungen in Ihrem Heft zusammen. Beantworten Sie dabei folgende Fragen.
- Was genau habe ich erlebt?
- Wer war davon betroffen?
- Wer hat darauf wie reagiert?
- Welche Auswirkungen hatte das Erlebnis auf das reale Leben?
- Was habe ich/Was hat mein Umfeld daraus gelernt?

9. Beurteilen Sie in einem kurzen Text in Ihrem Heft die Bedeutung sozialer Netzwerke für das Phänomen Cybermobbing.

10. Sammeln Sie in Ihrem Heft weitere Beispiele für Hasskommentare. Diese können aus Ihrer eigenen Erfahrung stammen oder Resultat einer Internet-Recherche sein.
LINKTIPP: https://perlen-aus-freital.tumblr.com/

Aufgaben zu Form und Sprache von Beispieltext B

1. Notieren Sie die Überleitungen in Beispieltext B und beurteilen Sie sie im Vergleich zu Beispieltext A (vgl. Aufg. 4, S. 12).

Z. 63: _____

Z. 75–78: _____

_____

Z. 79, Z. 108, Z. 128: _____

_____

_____

Mein Urteil zum Vergleich: _____

_____

2. Formulieren Sie einen Tipp zur Strukturierungshilfe bei Aufzählungen.

_____

_____

_____

3. Schätzen Sie ein, ob die sprachliche Gestaltung von Beispieltext B das Zuhören angemessen berücksichtigt. Setzen Sie ein Kreuz auf der Skala und begründen Sie Ihre Einschätzung.

++   o   --
_____

Mündlichkeit   Schriftlichkeit

Begründung: _____

_____

4. Unterstreichen Sie die Textstellen, in denen Sie sich als Zuhörer bzw. Leser direkt und indirekt angesprochen fühlen.

5. Schreiben Sie die Textstellen heraus, in denen der Redner „Wir"-Aussagen macht, und erklären Sie die Wirkung. Arbeiten Sie in Ihrem Heft.

Zusammenfassung von Kapitel 1

Fassen Sie die Unterschiede von Vortrag und Rede zusammen, indem Sie die Lücken mit den vorgegebenen Wörtern füllen.

argumentierender   fachlicher   anschaulich   wertende   informierender   Position   strukturiert   Informieren   überzeugt

Unter einem **Vortragstext** (kurz: Vortrag) wird ein _____,
_____ Text im Sinne eines Fachvortrags verstanden. Zu einem bestimmten Fachgebiet werden dem Publikum wichtige Sachverhalte _____ und _____ vorgetragen. Das _____ der Zuhörer steht hier im Vordergrund.

Unter einem **Redetext** (kurz: Rede) wird ein _____ Text verstanden. Dabei vertritt der Redner/die Rednerin eine _____ zu einem bestimmten Thema. Das Publikum hört eine zugespitzte, _____ Rede, mit der die Zuhörer von der Position _____ werden sollen.

2 Die Schreibaufgabe untersuchen

Schreibsituation

An Ihrer Schule bereitet die Oberstufe in einer Projektwoche einen Abend zum Thema **„Lernen und Leben mit digitalen Medien"** vor, zu dem Eltern, Lehrkräfte und Schülerinnen und Schüler eingeladen sind.

Das Programm sieht folgende Angebote vor:

Programm der Veranstaltung

18.00 Uhr	Begrüßung durch die Schulleitung Eröffnung und Vorstellung aller Themenräume
18.30 Uhr	**Themenraum 1: Sprachgebrauch im Internet – Vorträge und Reden von Schülerexperten**
19.30 Uhr	Themenraum 2: Einführung von Laptopklassen an unserer Schule – eine Diskussionsrunde
20.30 Uhr	Themenraum 3: Digitale Audio-Technik – eine Vorführung
Ab 18.15 Uhr	Themenraum 4: Digital Art – eine Ausstellung
Ab 18.15 Uhr	In Fachräumen stellen Lehrkräfte und Schülergruppen Möglichkeiten des digitalen Lernens an unserer Schule vor.

Mit einigen Mitschülerinnen und Mitschülern gestalten Sie den ersten Themenraum.

Schreibaufgaben

Aufgabe A:
Informieren Sie in Themenraum 1 in einem einführenden Fachvortrag über **„Erscheinungsformen und Ursachen von Hatespeech"**.

Verfassen Sie in 1000 bis 1200 Wörtern den Vortragstext. Nutzen Sie die Materialien, aber beziehen Sie auch eigene Kenntnisse und Erfahrungen mit ein.

Aufgabe B:
Erörtern Sie in Themenraum 1 in einer Rede **„Möglichkeiten für den Umgang mit Hatespeech"**, indem Sie Lösungsansätze für verschiedene Akteure (Schülerinnen und Schüler, Lehrkräfte, Eltern) und auf verschiedenen Ebenen (Schule, Recht und Gesetz, soziale Netzwerke, der Einzelne) vorstellen und prüfen.

Verfassen Sie in 1000 bis 1200 Wörtern den **Redetext**. Nutzen Sie die Materialien, aber beziehen Sie auch eigene Kenntnisse und Erfahrungen mit ein.

2.1 Die Schreibsituation analysieren

Analysieren Sie die Schreibsituation, indem Sie die Grafik in Ihr Heft übertragen und sie vervollständigen.

Rahmen:

Veranstaltung/Anlass:

Programm und Ablauf:

Thema:

**Schreibprodukt:
Vortragstext/
Redetext**

Redner/-in:

Rolle/Aufgabe:

Eigene Perspektive:

Zuhörer/-in und Adressaten:

Alter:

Vorwissen:

Begrüßung und Ansprache:

2.2 Die Schreibaufgaben analysieren

Analysieren Sie die Aufgaben A und B, indem Sie in Ihrem Heft für beide Aufgaben folgende Leitfragen beantworten. Stellen Sie die Ergebnisse in übersichtlicher Weise dar.

Redeabsicht:
- Welches Ziel verfolge ich mit meinem Text: informieren oder überzeugen?

Thema:
- Welcher thematische Schwerpunkt wird in der Aufgabenstellung gefordert?
- Welche zentralen Begriffe werden angesprochen?
- Welche Begriffe muss man für sich bzw. für die Zuhörer klären?
- Welches Vorwissen haben die Zuhörer jeweils?

Eigene Erfahrungen und Kenntnisse:
- Welche Kenntnisse besitze ich bereits?
- Welche Erfahrungen habe ich zu diesem Thema gemacht?

3 Inhaltliche Grundlagen erarbeiten

In einem Vortrag müssen Sie gründliche Sachkenntnisse besitzen, um Ihre Zuhörer umfassend und fundiert über ein Thema zu informieren. In einer Rede müssen Ihre Argumente stichhaltig und überzeugend sein und auf eingehender Recherche beruhen.

Die folgenden Materialien helfen Ihnen dabei, sich einen Überblick über das Thema „Hatespeech im Internet" zu verschaffen und dabei geeignete Informationen und Gedanken für Ihren Vortrag/für Ihre Rede zu finden. Zu den Materialien werden Ihnen Aufgaben gestellt, durch die Sie sich neues Wissen aneignen, aber auch Ihr Vorwissen aus dem Unterricht vertiefen können. In weiteren Aufgaben können Sie Ihre persönlichen Erfahrungen reflektieren.

Bearbeiten Sie die Aufgaben zu den Texten schriftlich und sammeln Sie Ihre Notizen. Sie bilden im Sinne einer Recherche die Grundlage für Ihren eigenen Vortrags- bzw. Redetext.

3.1 Die Materialien auswerten

Material 1: Begriffsklärungen und -abgrenzungen

Text 1: Wieso benutzen wir den Begriff Hatespeech?

Die Debatte ist vor allem durch die US-amerikanische Auseinandersetzung geprägt. Das deutsche Gegenstück Hassrede ist dagegen kaum etabliert. Der englische Begriff hat sich zudem auch im
5 Deutschen etabliert und dient so als Oberbegriff für das Phänomen gruppenbezogene Menschenfeindlichkeit und Volksverhetzung.

Text 2: Was ist Hatespeech?

Hatespeech trifft Personen, die z. B. aufgrund ihrer Hautfarbe, ihrer (vermeintlichen) Herkunft, ihrer Religion, ihres Geschlechts oder ihrer sexuellen Orientierung einer bestimmten Gruppe
5 zugeschrieben werden können. Hatespeech lässt sich somit als (digitale) Form gruppenbezogener Menschenfeindlichkeit bezeichnen.

Text 3: Was ist überhaupt Hatespeech?

Von Anatol Stefanowitsch, Professor für Sprachwissenschaft an der Freien Universität Berlin

Hassrede (Hatespeech) ist kein sprachwissenschaftlicher, sondern ein politischer Begriff mit mehr oder weniger starken Bezügen zu juristischen Tatbeständen. In Deutschland ist der ju-
5 ristische Bezugspunkt der Tatbestand der Volksverhetzung, der dann erfüllt ist, wenn jemand *„in einer Weise, die geeignet ist, den öffentlichen Frieden zu stören, 1. zum Hass gegen Teile der Bevölkerung aufstachelt oder zu Gewalt- oder Will-*
10 *kürmaßnahmen gegen sie auffordert oder 2. die Menschenwürde anderer dadurch angreift, dass er Teile der Bevölkerung beschimpft, böswillig verächtlich macht oder verleumdet"* (StGB, §130(1)).
Die im europäischen Zusammenhang relevante
15 politische Definition von Hassrede liest sich inhaltlich sehr ähnlich: Sie fasst unter diesem Begriff *„alle Ausdrucksformen, die Rassismus, Fremdenfeindlichkeit, Antisemitismus oder andere Formen auf Intoleranz beruhendem Hass verbrei-*
20 *ten, dazu anstiften, sie fördern oder rechtfertigen; einschließlich von Intoleranz, die sich in aggressivem Nationalismus und Ethnozentrismus, der Diskriminierung und Feindseligkeit gegenüber Minderheiten, Migrant/innen und Menschen mit*
25 *Migrationshintergrund äußert"* (Ministerkomitee des Europarats, Empfehlung R (97) 20, 30.10.1997).

Hatespeech bedeutet Abwertung

Sprachwissenschaftliche Definitionen orientieren sich allgemein an dieser politischen Definiti-
30 on. Ein typisches Beispiel findet sich bei Meibauer […], der Hassrede als den „sprachliche[n] Ausdruck

von Hass gegen Personen oder Gruppen [...], insbesondere durch die Verwendung von Ausdrücken, die der Herabsetzung und Verunglimpfung von
35 Bevölkerungsgruppen dienen" definiert. Hassrede unterscheidet sich vom alltagssprachlichen Begriff der Beleidigung dadurch, dass letztere dann gegeben ist, wenn jemand als Individuum verunglimpft oder herabgewürdigt wird, also nicht als
40 Mitglied einer Gruppe oder über seine Zugehörigkeit zu dieser Gruppe. Aus sprachwissenschaftlicher Perspektive stellen sich zwei Fragen: erstens, was es bedeutet, sprachlich „Hass auszudrücken", und zweitens, welche sprachlichen Ausdrucks-
45 mittel zu diesem Zweck zum Einsatz kommen. Bezüglich der ersten Frage gehen einige Autor/innen davon aus, dass Hassrede dann vorliegt, wenn der/die Sprechende Hass empfindet und/oder erreichen will, dass Dritte Hass empfinden
50 [...]. Die *Intention*[1] von Sprechenden spielt in der tatsächlichen Kommunikation selbstverständlich eine Rolle – einen unabsichtlichen Ausdruck von Hass wird man eher verzeihen als einen absichtlichen –, sie hat aber keinen direkten Bezug
55 zu sprachlichen Äußerungen oder gar Ausdrucksformen. Anders gesagt: Es ist durchaus möglich, sprachlich Hass gegen Personen oder Gruppen auszudrücken, ohne diesen Hass tatsächlich zu empfinden oder auslösen zu wollen (z.B. aus Un-
60 kenntnis der Bedeutung bestimmter Wörter oder im Rahmen einer misslungenen Satire). In der öffentlichen Diskussion wird der *intentionalen*[2] Definition häufig eine Definition aus Betroffenenperspektive entgegengesetzt: Hassrede liegt
65 dann vor, wenn es Menschen gibt, die sich durch diese Rede herabgesetzt oder verunglimpft fühlen. Als Grundlage einer Definition ist die Betroffenenperspektive sicher besser geeignet als die Intention des Sprechenden. Sie darf allerdings nicht
70 individualisiert verstanden werden – wodurch sich jemand herabgesetzt oder verunglimpft fühlt, kann von Person zu Person und von Situation zu Situation sehr unterschiedlich sein. Um aus sprachwissenschaftlicher Sicht als Hassrede
75 zu gelten, muss eine sprachliche Äußerung oder ein Ausdruck nicht nur individuell und/oder situativ, sondern von einem wahrnehmbaren Teil der Sprachgemeinschaft als herabwürdigend und/

oder verunglimpfend gegenüber einer Bevölke-
80 rungsgruppe verstanden werden (aber natürlich nicht unbedingt von der Mehrheit oder gar der gesamten Sprachgemeinschaft).

Hatespeech kann indirekt sein

Das ist vor allem dort der Fall, wo die Herabwür-
85 digung und/oder Verunglimpfung von einem wahrnehmbaren Teil der Sprachgemeinschaft als Teil der konventionellen Bedeutung eines sprachlichen Ausdrucks betrachtet werden. Solche Ausdrücke finden sich am sichtbarsten in je-
90 nem Bereich des Wortschatzes, in dem die deutsche Sprache uns eine Vielzahl von Ausdrücken liefert, die entweder über die Zuschreibung von bzw. Einschränkung auf bestimmte stereotype Eigenschaften (Schlitzauge, Fotze, Arschficker,
95 Mongo) oder direkt über das Wissen um ihre Verwendungszusammenhänge (Kanake, Tussi, Schwuchtel, Spast) eine pejorative, also abwertende Wirkung entfalten. Aber auch in der Wortbildung und sogar Grammatik gibt es konventionell
100 pejorative sprachliche Zeichen, z.B. die Endsilbe -ler (Hartz-4-ler, Unterschichtler) oder das grammatische Muster [SUBSTANTIV + RICHTUNGS-ANGABE] (Ausländer raus! Juden ins Gas!). Diese Ausdrücke können auf zwei unterschiedliche Ar-
105 ten zur Hassrede verwendet werden: Sie können direkt auf die bezeichnete Gruppe angewendet werden (wenn etwa ein homosexueller Mann „Schwuchtel" genannt wird) oder indirekt auf jemanden, der eigentlich gar nicht zur bezeichne-
110 ten Gruppe gehört (z.B. wenn ein heterosexueller Mann „Schwuchtel" genannt wird). Die Hassrede richtet sich dabei in beiden Fällen auf die bezeichnete Gruppe (in diesem Fall homosexuelle Männer), während der nicht zur bezeichneten Gruppe
115 gehörende Adressat „nur" beleidigt wird.

Was Hatespeech ist, ist umstritten

Dass es innerhalb einer Sprachgemeinschaft unterschiedliche Meinungen darüber geben kann, ob ein bestimmter Ausdruck als Hassrede gilt
120 oder nicht, ist selbst dort nicht überraschend, wo alle Beteiligten aufrichtig Position beziehen: Mitglieder einer privilegierten Gruppe empfinden einen sprachlichen Ausdruck häufig deshalb nicht als herabwürdigend/verunglimpfend, weil
125 er sich nicht gegen sie, sondern eben gegen eine (möglicherweise sogar unbewusst) als von der

---

[1] *Intention:* Absicht, Bestreben
[2] *intentional:* zielgerichtet, absichtlich

angenommenen Norm abweichende Gruppe richtet.

Umgekehrt ist es durchaus möglich, dass Mitglieder einer gesellschaftlich diskriminierten Gruppe aufgrund einer andauernden sprachlichen Herabwürdigung eine gewisse Überempfindlichkeit entwickeln und auch Ausdrücke als diskriminierend empfinden, die von der Mehrheit der Sprachgemeinschaft (inklusive der Mehrheit der betreffenden Gruppe) tatsächlich neutral verstanden werden. Dass zwischen prinzipiell neutralen und eindeutigen pejorativen Ausdrücken ein fließender Übergang besteht, bedeutet aber nicht, dass die pejorative Bedeutung jedes einzelnen Ausdrucks infrage steht. Die oben genannten Beispiele sind ohne Zweifel pejorativ, völlig unabhängig von der (tatsächlichen oder angeblichen) Intention derjenigen, die sie verwenden. Während Ausdrücke mit einer klar pejorativen Bedeutung die deutlichste Erscheinungsform von Hassrede sind, kann eine Äußerung eine Bevölkerungsgruppe auch herabwürdigen und/oder verunglimpfen, ohne solche Ausdrücke zu enthalten. Auch dann fällt sie unter die Definition von Hassrede. Im einfachsten Fall ist die Herabwürdigung/Verunglimpfung ein expliziter Teil der Aussage, z.B. in „(Alle) Griechen sind faul". Sprachwissenschaftlich interessanter und im Alltag schwerer zu erkennen sind aber Fälle, in denen die Aussage selbst zunächst harmlos oder sogar positiv wirkt, und die Hassrede Teil einer zum Verständnis der Äußerung notwendigen stillschweigenden Grundannahme ist. Ein Satz wie „Er ist Grieche, aber total fleißig" scheint ja einem speziellen Griechen eine positive Eigenschaft zuzuschreiben. Durch die Verbindung der beiden Satzteile mit dem Wort „aber" wird jedoch kommuniziert, dass der Fleiß der betroffenen Person unerwartet ist; das kann sie aber nur vor dem Hintergrund der Annahme sein, dass Griech/innen normalerweise faul seien. Politische Gruppen verwenden diese Strategie der impliziten

Hassrede häufig: Wenn eine Partei etwa ständig betont, dass Migrant/innen willkommen seien, »solange sie sich an unsere Gesetze halten«, ist dies ja zunächst eine fast schon trivial harmlose Aussage, denn selbstverständlich sollen sich alle Menschen an Gesetze halten. Die Aussage wird aber dadurch zu einer Verunglimpfung von Migrant/innen, weil sie nur dann einen Sinn ergibt, wenn wir annehmen, dass Migrant/innen sich normalerweise nicht an Gesetze halten.

Hatespeech ist ein gesellschaftliches Problem

Schließlich fassen einige Autor/innen auch solche Fälle unter den Begriff der Hassrede, in denen eine Bevölkerungsgruppe dadurch herabgewürdigt oder verunglimpft wird, dass sie in Zusammenhängen unerwähnt bleibt, in denen sie eigentlich erwähnt werden müsste; im konkreten Fall ist das nicht immer eindeutig festzustellen, aber als Tendenz über verschiedene Situationen hinweg lässt es sich durchaus erkennen, etwa bei der systematischen Nicht-Erwähnung schwarzer Menschen, durch die dieser Gruppe implizit die Existenz abgesprochen wird [...]. Zum Schluss sei noch angemerkt, dass Hassrede auch aus sprachwissenschaftlicher Perspektive kein vorrangig sprachliches, sondern ein gesellschaftliches Problem darstellt. Sprachliche Ausdrücke beschreiben und bewerten nicht (bzw. nicht nur). Sie erzeugen vielmehr ein Verständnis der (vorsprachlichen) physikalischen Realität und gesellschaftliche Realität(en), die als allgemeingültig verstanden werden und deshalb nicht ohne Weiteres hinterfragt werden können. Hassrede ist also nicht (nur) ein Problem des kommunikativen Umgangs oder der „Verbreitung, Anstiftung, Förderung oder Rechtfertigung" von Hass, sie ist zentral an der Erzeugung des Hasses und der für den Hass notwendigen Denkmodelle beteiligt – einem Hass, der [...] historisch immer wieder die Grundlagen für die Zerstörung der betreffenden Gruppen gelegt hat.

Inhaltliche Grundlagen erarbeiten

Aufgaben zu Material 1

1. Erklären Sie in Ihrem Heft in einem Satz, warum Hatespeech für Juristen, Politiker und Sprachwissenschaftler gleichermaßen von Bedeutung ist.

2. Grenzen Sie mithilfe von Text 3 die Bedeutung von Hatespeech für Sender bzw. Empfänger ab. Fassen Sie zusammen, welches Problem sich für den Begriff ergibt.

Sender　　　　　　　　　　　　　　　　　　　　　　　　　**Empfänger**

Problem:

3. Stellen Sie direkte und indirekte Formen von Hatespeech gegenüber und führen Sie Beispiele aus Text 3 auf. Übertragen Sie dafür die Tabelle in Ihr Heft.

	Merkmal	Beispiel
direkte Formen mit abwertender Wirkung		
indirekte Formen, die harmlos oder positiv wirken		

4. Problematisieren Sie Hatespeech mithilfe des folgenden Kommunikationsmodells. Nutzen Sie dabei die Erklärungen auf S. 25 und gehen Sie auch auf die Funktionsweise sozialer Netzwerke ein. Arbeiten Sie in Ihrem Heft.

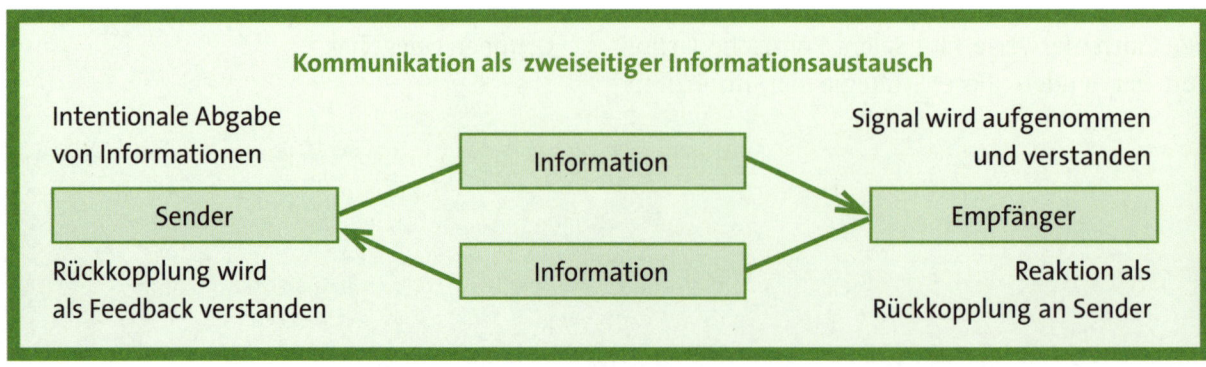

Das Modell zeigt den Prozess einer zweiseitigen Kommunikation, die sich durch einen Rückkanal auszeichnet. Im Gegensatz zur einseitigen Kommunikation nimmt der Empfänger nicht nur das Signal auf, sondern antwortet und gibt dem Sender somit Feedback. Erst danach kann der Sender feststellen, ob seine Information richtig aufgenommen wurde. So wird aus der einseitigen Kommunikation ein Austauschprozess.

5. Notieren Sie in einer Tabelle eigene Erfahrungen zur zweiseitigen Kommunikation in sozialen Netzwerken. Unterscheiden sie dabei positive und negative Erfahrungen. Arbeiten Sie in Ihrem Heft.

positive Erfahrungen (gelungene Kommunikation)	negative Erfahrungen (misslungene Kommunikation)

Material 2: Muster von Hatespeech und Beispiele für Hatespeech

Die Muster sind der Broschüre „Hatespeech – Hass im Netz. Informationen für Fachkräfte und Eltern" (2016) entnommen.

MUSTER VON HATESPEECH	BEISPIELE
bewusste Verbreitung uninformierter oder falscher Aussagen	„Die Flüchtlinge haben alle teure Handys." „Die Flüchtlinge müssen im Supermarkt nicht bezahlen."
Tarnung als Humor oder Ironie	„Ich will auch ein neues Smartphone. Werd' ich im nächsten Leben halt Asylant."
Herabwürdigende und verunglimpfende Begriffe; sexistische und rassistische Beleidigung	„Kanake", „Schwuchtel", „Schlampe"
Bedienen von Stereotypen und Vorurteilen durch bestimmte Begriffe und Sprachmuster	„Homo-Lobby", „Asylantenflut", „Das Boot ist voll.", „Ausländer raus", „Drohende Islamisierung"
Verallgemeinerungen	„Alle Griechen sind faul."
Wir/Die-Rhetorik	„Die bedrohen ‚unsere' Frauen."
Verschwörungstheorien	„Der Staat will unsere Kinder zu Homosexuellen erziehen." „Die Politik unterstützt die Islamisierung Deutschlands."
plakative Bildsprache	rassistische Darstellung z.B. schwarze Menschen mit Baströckchen, Bilder, die Stereotype reproduzieren, indem sie z.B. muslimische Männer mit Sodomie in Verbindung bringen
Gleichsetzung	• Juden = Israel • Gleichsetzung von Homosexualität mit pädosexueller Kriminalität, Inzest oder Sodomie
Befürwortung oder Androhung sexueller Gewalt – oft in konzentrierter Form	Ein Beispiel dafür ist das sogenannte #Gamer Gate. Unter diesem Hashtag organisierte sich 2014 in den Sozialen Medien so viel Hass in Form von Mord- und Vergewaltigungsdrohungen gegen die sexismuskritische Videobloggerin Anita Sarkeesian, dass sie zeitweise untertauchen musste. Öffentliche Auftritte der Bloggerin mussten wegen Bombendrohungen abgesagt werden.
Befürwortung von oder Aufruf zu Gewalttaten	„Die sollte man alle abknallen/verbrennen/vergasen." „An den Galgen mit ihnen!"

Inhaltliche Grundlagen erarbeiten

Aufgaben zu Material 2

1. Formulieren Sie in Ihrem Heft zu einzelnen Beispielen indirekter Hassrede die zugrundeliegenden Annahmen.

2. Sammeln Sie in Ihrem Heft weitere Aussagen über Homosexuelle, Arbeitslose/ Hartz-IV-Empfänger, Frauen, Flüchtlinge und Türken, die Sie schon ein- oder mehrmals gehört oder gelesen haben.

3. Ordnen Sie diese Aussagen den Mustern von Hatespeech auf Seite 25 zu.

Material 3: Umfrageergebnisse (2016)

Vom 3. bis 15. Juni 2016 wurden im Auftrag der Landesanstalt für Medien Nord-rhein-Westfalen (LfM) 2.044 private Internetnutzer ab 14 Jahren anhand eines strukturierten Fragebogens online befragt. Die Ergebnisse dieser forsa.-Umfragen wurden unter dem Titel „Ethik im Netz. Hatespeech" am 21.06.2016 veröffentlicht.

Grafik 1: Wahrnehmung von Hatespeech/Hasskommentaren im Internet

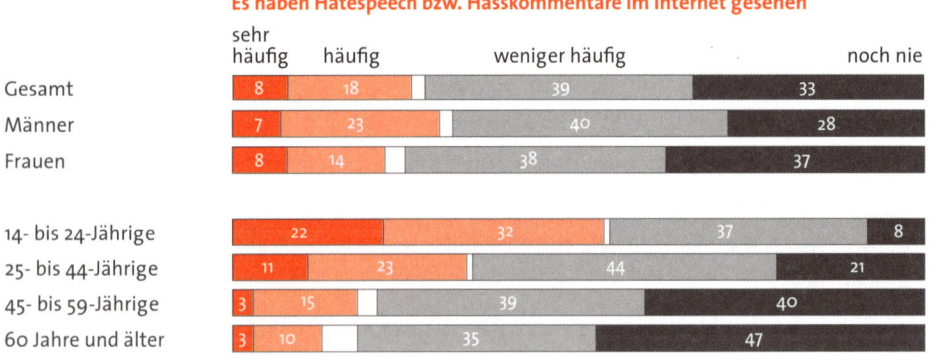

Basis: 2.044 Befragte

Frage 2: „Wie häufig haben Sie persönlich schon Hatespeech bzw. Hasskommentare im Internet gesehen – z.B. auf Webseiten, in Blogs, in sozialen Netzwerken oder in Internetforen?"

Angaben: in Prozent

Quelle: Ethik im Netz

Grafik 2: Aussagen zu Hatespeech/Hasskommentaren im Internet

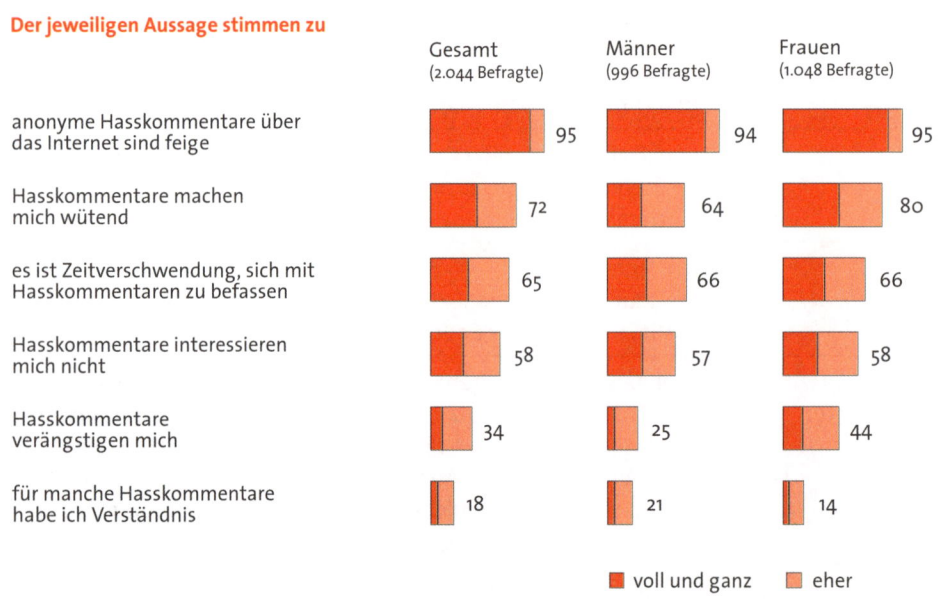

Basis: 2.044 Befragte

Frage 6: „Im Folgenden sehen Sie verschiedene Aussagen zu Hasskommentaren im Internet. Bitte geben Sie jeweils an, ob Sie der Aussage voll und ganz, eher nicht oder überhaupt nicht zustimmen."

Angaben: in Prozent

Quelle: Ethik im Netz

Aufgaben zu Material 3

1. Kreuzen Sie die Aussagen aus der Umfrage an, die am meisten auf Sie zutreffen.

Wie häufig haben Sie persönlich schon Hatespeech bzw. Hasskommentare im Internet gesehen – z.B. auf Webseiten, in Blogs, in sozialen Netzwerken oder Internetforen?

O sehr häufig   O häufig   O weniger häufig   O noch nie

Im Folgenden sehen Sie verschiedene Aussagen zu Hasskommentaren im Internet. Bitte geben Sie jeweils an, ob bzw. wie Sie der Aussage zustimmen würden:

	stimme voll und ganz zu	stimme eher zu	stimme eher nicht zu	stimme überhaupt nicht zu
anonyme Hasskommentare über das Internet sind feige	O	O	O	O
Hasskommentare machen mich wütend	O	O	O	O
es ist Zeitverschwendung, sich mit Hasskommentaren zu befassen	O	O	O	O
Hasskommentare interessieren mich nicht	O	O	O	O
Hasskommentare verängstigen mich	O	O	O	O
für manche Hasskommentare habe ich Verständnis	O	O	O	O

2. Vergleichen Sie Ihre Antworten mit den Umfrageergebnissen. Erklären Sie mögliche Gemeinsamkeiten und Unterschiede.

_____

_____

3. Notieren Sie in zwei aussagekräftigen Thesen die Zentralaussagen der jeweiligen Grafik von Seite 26.

Grafik 1: Wahrnehmung von Hatespeech im Internet

These 1:

These 2:

Grafik 2: Aussagen zu Hatespeech im Internet

These 1:

These 2:

Material 4: Interview zur Psychologie des Internets

Psychologie des Internets
Warum sich Menschen online danebenbenehmen
Interview mit Catarina Katzer, FAZ-Sonntagszeitung, 04.12.2016

Wer im Netz unterwegs ist, vergisst sich selbst: Catarina Katzer kennt die Mechanismen, die dahinterstecken. Und erklärt, warum wir ab und zu ein bisschen Abstand vom virtuellen Raum brauchen.

Frau Katzer, als Wissenschaftlerin beschäftigen Sie sich damit, wie das digitale Leben uns verändert. [...]
Wie kommt das denn, dass man sich [im Netz]
5 **immer so schön sicher fühlt?**
Das hat auch etwas damit zu tun, dass ich, so wie ich jetzt auch mit ihnen rede, in meinem Wohnzimmer sitzen bleibe. Hier ist ja kein Fremder dabei! Und dieses Gefühl schleppe ich auch mit
10 ins Netz. Sobald ich mich im sozialen Netzwerk bewege, bin ich zwar mit vielen Leuten verbunden, aber mein Hirn nimmt das nicht so wahr. Ich sitze ja gemütlich bei mir zu Hause, und die Tür ist zu. Wir unterliegen da einer Privatheits-
15 illusion und merken nicht, dass da eigentlich hunderte von Leuten mit mir auf dem Sofa sitzen. Nämlich nicht nur meine Freunde, sondern auch deren Freunde. Und vielleicht noch irgendein beruflicher Kontakt. Dazu kommt, dass wir im Netz
20 grundsätzlich eine gewisse Selbstöffnungstendenz haben.

Ist es denn ein bestimmter Menschentyp, der sich von sozialen Netzwerken angezogen fühlt?
Ja, es gibt Persönlichkeitsfaktoren: Leute, die
25 schon eine gewisse Selbstöffnungstendenz haben, die eine Außenwirkung haben oder *eloquent*[1] wirken wollen und eher auf Leute zugehen. Die graue Maus postet eher nicht so viele Fotos von sich. [...] Aber jetzt kommt das Spannende. Die Frage ist
30 nämlich: Wo sind wir zuerst so? Wir haben früher vielfach oft übersehen, dass das Netz ein richtiger Lebensraum und damit auch ein Lernmedium ist, in dem Verhalten ausprobiert wird, in dem Vorbilder entstehen, Werte, Normen, Verhaltensweisen.
35 Wenn wir in Gruppen eintreten, in denen wir uns wohlfühlen, nehmen wir diese Verhaltensweisen an und mit zurück ins normale Leben.

Erklärt das auch, warum so viele ihre guten Manieren im Netz komplett ablegen?
40 Ja. Diese Trennung zwischen meinem Körper, der zu Hause sitzt, und meinem Kopf, mit dem ich ins Netz gehe und dort handele, führt dazu, dass ich mich als handelnde Person gar nicht richtig wahrnehme. Die Regeln und Normen, die ich im
45 Alltag anwende – ich stelle mich im Supermarkt ordentlich an, ich klaue nichts –, das fällt im Netz schneller weg, weil ich mich selbst nicht betrachten kann, ich spüre mich nicht und sehe auch nicht, wie ich agiere. Die Selbstaufmerksamkeit
50 verschwindet, und ich werde Teil einer großen Masse, nämlich derer, die da im Netz herumschwirren. Das führt zu diesem Sozialverhalten, dass ich rumprolete und denke, man sieht mich nicht, ich sehe mich nicht, strafbar mache ich
55 mich auch nicht, und ich bin ja nur Teil einer großen Masse.

Menschen benehmen sich online also schlecht, weil es vermeintlich alle anderen auch tun?
Das ist eine wunderbare Entschuldigung oder
60 Ausrede, die machen es, da mach ich mit. Das sieht man sehr schön, wenn wir uns die Dynamik von Shitstorms betrachten: wie die manchmal anfangen und welche Intensität die entwickeln und wie sich da die Tonlage verändert, fäkallastiger wird,
65 brutaler, aggressiver. Je mehr mitmachen, umso schlimmer wird es. Wir fühlen uns geschützt in der Masse und gehen in der Anonymität unter. Und da treten dann auch unsere Wertvorstellungen zurück. Wenn wir das im normalen Leben
70 gar nicht machen würden, weil wir denken, das ist vielleicht doch nicht so gut – im Netz trau ich mich das. [...]

---

[1] *eloquent (sein):* sich angemessen und wirkungsvoll ausdrücken können

1. Fassen Sie Ursachen und negative Konsequenzen des Internetverhaltens stichpunktartig zusammen.

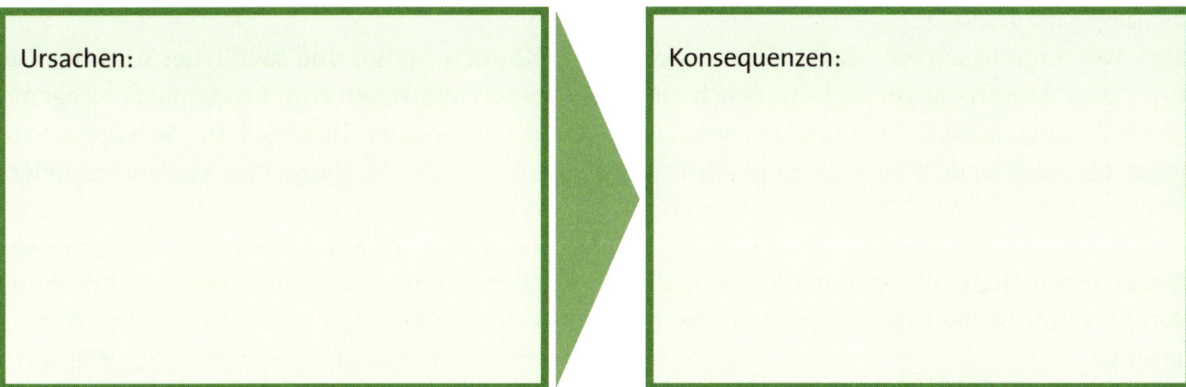

Ursachen:

Konsequenzen:

2. Entwickeln Sie eine szenische Schilderung, in der Sie Ihr eigenes Internetverhalten reflektieren. Setzen Sie dazu den folgenden Schreibanfang in Ihrem Heft fort.

Wenn ich abends mit meinem Laptop/Tablet/Handy in meinem Zimmer sitze ...

3. Markieren bzw. notieren Sie Gemeinsamkeiten und Unterschiede zwischen den Ergebnissen aus Aufgabe 1 und Ihrer Schilderung.

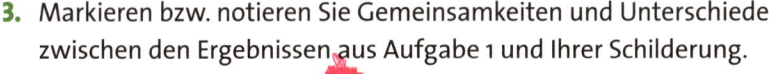

Material 5: Hatespeech – Argumente sind kein Allheilmittel

Hatespeech – Argumente sind kein Allheilmittel
Von Astrid Herbold, ZEIT ONLINE am 04.02.2016

Facebook löscht ungern und hält Counterspeech für den besseren Weg, um den Hass im Internet einzudämmen. Wissenschaftler sind weniger optimistisch.

Der Aufstand der Anständigen im Internet, er ist noch viel zu klein. Den verbalen Entgleisungen, den menschenverachtenden Kommentaren, den Aufrufen zu Gewalt, die sich auf Facebook, Twit-
5 ter und anderswo haufenweise finden, müssten noch viel mehr Nutzer etwas entgegensetzen. Ob sie das in eher freundlichem oder unfreundlichem Ton tun, ob sie argumentieren oder attackieren, scheint zweitrangig. Hauptsache Gegen-
10 wind, Hauptsache Sichtbarkeit, Hauptsache den Hass nicht unkommentiert stehen lassen.

Counterspeech heißt das Konzept, Gegenrede also. Bei Facebook hält man es für ein probates Mittel, um den Hass im eigentlich doch sozia-
15 len Netzwerk zu bekämpfen: „Facebook möchte das Konzept Counterspeech in Deutschland etablieren und aktive Gegenrede weiter fördern. Counterspeech setzt auf den Widerstand der Gesellschaft und jedes Einzelnen im Kampf gegen
20 Hassrede", heißt es in einer Pressemitteilung. Die Vorteile für Facebook liegen ja auch auf der Hand: Der Ansatz ist billig, denn er überträgt die Verant-

wortung auf die Nutzer. Je mehr die gegenhalten, desto weniger Inhalte melden sie, desto weniger muss Facebook also entscheiden, was es löscht und was nicht. Die Bekämpfung von Hass wird sozusagen *outgesourct*[1]. [...]

Nur: Wer sagt eigentlich, dass Counterspeech kurz- oder langfristig gegen Hatespeech hilft? Gegen den aggressiven Ton im Netz generell und gegen die wachsende politische Radikalisierung im Besonderen? [...] ZEIT ONLINE hat nachgefragt.

Woher kommen die Wut und der Rassismus im Netz? Warum ist die Flüchtlingsdebatte so enthemmt?

Soziologe Simon Teune ist Co-Leiter des Bereichs Soziale Bewegungen, Technik, Konflikte am Zentrum Technik und Gesellschaft der Technischen Universität Berlin. Er wundert sich nicht über die Zunahme der hetzerischen Äußerungen im Internet: „Die politischen Einstellungen vieler Deutscher waren immer schon ziemlich erschreckend. Wenn man sich Umfragen ansieht, lassen sich da rassistische Einstellungen bei einem großen Teil der Bevölkerung ablesen. Mehr als ein Drittel will zum Beispiel Muslimen generell die Einwanderung nach Deutschland verwehren. Was sich seit dem Aufkommen von *Pegida*[2] verändert hat, ist die offene Artikulation dieser Einstellung. Seit Pegida fühlen sich viele Leute ermutigt, ebenfalls auf die Straße zu gehen oder solche Meinungen im Internet zu äußern. Die Grenze, die es mal zwischen ‚Normalbürgern‘ und der organisierten extremen Rechten gab, ist komplett weggeschmolzen.“

Frank Schwab, Professor für Medienpsychologie am Institut für Mensch-Computer-Medien der Julius-Maximilians-Universität Würzburg, macht außerdem den Wegfall von Hierarchien und der Face-to-Face-Kommunikation für die verbale Eskalation verantwortlich: „[...] Außerdem kommt es in Foren sehr schnell zu Gruppendynamiken: Eine Gruppe stellt sich gegen eine andere. Oder eine *Outgroup*[3] wird attackiert. Wer sich ungerecht behandelt fühlt, baut moralische Aggressionen auf. Viele dieser Leute glauben, sie handeln moralisch. Auch wenn das aus anderer Perspektive nicht der Fall ist.“

Können Fakten und sachliches Argumentieren einen Menschen zum Umdenken bewegen?

Ulrich Wagner, Professor für *Sozialpsychologie*[4] an der Uni Marburg und Stellvertretender Direktor des Zentrums für Konfliktforschung, ist skeptisch: „In Situationen von Unsicherheit suchen Menschen nach einfachen Erklärungen. Wenn eine Person sich solch einem Erklärungsmuster zuwendet, dann hört sie zugleich auf, mit denjenigen zu reden, die eine andere Meinung haben, und wendet sich stattdessen denen zu, die die gleiche Meinung haben. Man stützt sich gegenseitig und schottet sich ab. Generell neigt der Mensch dazu, sich Unterstützung für seine Position zu suchen. Wir wollen wissen, dass wir recht haben – nicht ob wir recht haben. Und die unterstützenden Kommentare, selbst wenn es nur wenige sind, wirken dann stärker als die ablehnenden Stimmen. Hinzu kommt ein anderes Phänomen, das wissenschaftlich gut erforscht ist: Menschen, die extreme Positionen vertreten, neigen dazu, den Anteil derjenigen, die dieselbe Meinung haben, zu überschätzen. Je extremer die Meinung, desto größer die Fehleinschätzung. Das ist ein fataler Mechanismus.“

Sozialpsychologisch erwiesen ist außerdem, dass das Zugehörigkeitsgefühl zu einer bestimmten Gruppe und der Schutz der Anonymität zu aggressiven Verhaltensweisen führen können, die der Einzelne ohne Gruppenbindung sonst nicht an den Tag legen würde. In solchen Fällen ist die argumentative Gegenrede allenfalls dann erfolgversprechend, wenn sich die gegnerischen Parteien darauf einigen können, sich auf einen Perspektivwechsel einzulassen, sagt Medienpsychologe Frank Schwab. „Im Kern kommt es darauf an, welche Gruppennormen bei einem Menschen gerade aktiv sind. Und ob es gelingt, die soziale

---

[1] outsourcen: ausgliedern, nach außen verlagern
[2] Pegida: dem rechtspopulistischen Spektrum zugehörige Organisation, die sich auf Kundgebungen insbesondere gegen die Einwanderungs- und Europapolitik Deutschlands wendet

[3] Outgroup: Gruppe, der man sich nicht zugehörig fühlt und von der man sich distanziert
[4] Sozialpsychologie: Teilgebiet sowohl der Soziologie als auch der Psychologie, das sich mit den Erlebnis- und Verhaltensweisen unter dem Einfluss gesellschaftlicher Faktoren befasst

Gruppe, der er sich zugehörig fühlt, in den Hintergrund treten zu lassen. Man wechselt sozusagen den Fokus."

110 Um den Hassredner zu einem Perspektivwechsel zu bringen – damit er sich zum Beispiel nicht mehr als Verteidiger des Abendlandes, sondern als Nachfahre von ebenfalls Geflüchteten definiert –, müssen die Diskutierenden allerdings ei-
115 nen vertrauens- und respektvollen Umgang miteinander pflegen, sagt Schwab. „Und das ist auch kein Allheilmittel. Wenn die Leute so verbohrt sind, dass sie nur noch eine Gruppenidentität kennen, dann funktioniert es nicht."

120 **Gegenrede wirkt vor allem im engeren Bekanntenkreis**

Simon Teune glaubt deshalb vor allem an die Wirksamkeit von Gegenrede im engeren Bekanntenkreis: „Widerspruch ruft Irritation hervor.
125 Wenn der Widerspruch ausbleibt, fühlt sich derjenige, der sich rassistisch äußert, bestätigt. Deshalb ist es wichtig zu zeigen, dass man bestimmte Sachen nicht akzeptiert. Das funktioniert vor allem dann, wenn die Reaktion von Menschen
130 kommt, die persönlich miteinander bekannt sind. Gegenrede von Facebook-Freunden hat eine andere Wirkung als Gegenrede von fremden oder anonymen Nutzern."

Oder sollte man Hatespeech lieber mit härteren
135 **rhetorischen Waffen bekämpfen, wie Spott, Ironie oder Häme?**

Konfliktforscher Wagner rät davon entschieden ab: „Wenn die *Communitys*⁵ sich ohnehin schon gespalten haben, wenn die Missachtung
140 des Kritikers also gar nicht mehr zählt, weil er sowieso zur *Lügenpresse*⁶ gehört, dann halte ich Ironie oder Häme für extrem falsch. Das führt nur dazu, dass die Gräben zwischen den Lagern sich weiter vertiefen. Herabwürdigung führt zu
145 weiteren Polarisierungen. Man muss stattdessen versuchen mitzukommen. Nicht, indem man

ihre Argumente akzeptiert. Aber indem man ihre Gefühlslage akzeptiert. Nach dem Motto: ‚Ich kann verstehen, dass du verunsichert bist, aber
150 deine Erklärungen stimmen nicht.'" Das Gegenüber ins Lächerliche zu ziehen, dient eher der Abgrenzung als der Annäherung, sagt auch Medienpsychologe Schwab [...].

Wenn Überzeugungsarbeit so schwierig scheint,
155 **ist die Gegenrede dann überhaupt der Mühe wert?**

„Für die Opfer macht es einen sehr großen Unterschied", sagt Helga Seyb von „Reach Out", einer Beratungsstelle für Opfer rechter, rassistischer
160 und antisemitischer Gewalt in Berlin. Das gelte nicht nur für Angriffe im öffentlichen Raum, sondern auch für persönliche Angriffe oder rassistisches Mobbing im Netz: „Wenn niemand sich vor die Opfer stellt, niemand sie verteidigt, dann ist
165 das für sie doppelt *traumatisch*⁷. Sie spüren dann, dass es nicht nur einzelne Täter sind, sondern dass diese Täter sich in einem Umfeld bewegen, in dem die Opfer generell keinen Schutz genießen. Wir hören oft in der Beratung, dass Opfer gerade
170 das Schweigen und Weggucken als sehr schlimm empfinden. Umgekehrt ist es für die Betroffenen sehr hilfreich, wenn sie erlebt haben, dass jemand für sie die Stimme erhebt oder den Angreifer in die Schranken verweist."

175 Soziologe Simon Teune rät dazu, zumindest im näheren Umfeld aktiv zu sein: „Ich kann verstehen, wenn jemand keine Lust auf Counterspeech in Kommentarspalten hat. Einfach weil das viel Energie kostet und ein hohes Frustrationspoten-
180 zial beinhaltet. Was man aber zumindest machen kann, ist im eigenen Umfeld – ob in der Familie oder im Freundes- und Bekanntenkreis – im Gespräch zu bleiben. Und dort kritisch zu reagieren, wenn Positionen auftauchen, die man für rassis-
185 tisch und menschenverachtend hält."

---

⁵ Community: eine Gruppe von Menschen, besonders Nutzer im Internet, die ein gemeinsames Ziel verfolgen, gemeinsame Interessen pflegen, sich gemeinsamen Wertvorstellungen verpflichtet fühlen
⁶ Lügenpresse: Schlagwort für Medien, besonders Zeitungen und Zeitschriften, denen unterstellt wird, unter poli-
tischem, ideologischem oder wirtschaftlichem Einfluss zu stehen, Informationen zu verschweigen oder zu verfälschen und so die öffentliche Meinung zu manipulieren
⁷ traumatisch: durch ein Trauma entstanden. Trauma: starke psychische Erschütterung, die [im Unterbewusstsein] noch lange wirksam ist

Inhaltliche Grundlagen erarbeiten

Aufgaben zu Material 5

1. Fassen Sie zentrale Thesen der Experten zusammen, indem Sie die Satzanfänge in eigenen Worten mit knappen Begründungen fortsetzen.

   Hetzerische Äußerungen im Netz haben zugenommen,

   weil ... _____

   _____

   _____

   Gruppen spielen im Netz eine wichtige Rolle, weil ... _____

   _____

   _____

2. Erklären Sie in Ihrem Heft die folgende Aussage zum Internetverhalten vieler Menschen: „Wir wollen wissen, **dass** wir recht haben – nicht **ob** wir recht haben" (Z. 83 ff.).

3. Erklären Sie in Ihrem Heft, in welchen Zusammenhängen Gegenrede wirksam werden kann.

Material 6: Rechtliche Möglichkeiten

Strafrechtliche Möglichkeit

Strafanzeige: Wer von Hatespeech betroffen ist, kann bei der Polizei oder bei der Staatsanwaltschaft eine Strafanzeige erstatten.

Zivilrechtliche Möglichkeiten

Löschung/Abänderung des strittigen Kommentars: Sofern ein Beitrag oder ein Kommentar einen strafrechtlich relevanten Inhalt aufweist bzw. Persönlichkeitsrechte verletzt, besteht ein Löschungsanspruch.

Abmahnung und Unterlassungserklärung: Zudem haben Betroffene die Möglichkeit, den Täter – ggf. per Anwaltsschreiben – aufzufordern, sein Verhalten zu unterlassen und eine entsprechende – *strafbewehrte*[1] – Unterlassungserklärung abzugeben.

Anspruch auf Geldentschädigung/Schmerzensgeld: Bei besonders schwerwiegenden Persönlichkeitsrechtsverletzungen kann dem Betroffenen ein Anspruch auf eine Geldentschädigung oder ein Schmerzensgeld zustehen.

---

[1] *strafbewehrt: mit Strafe bedroht*

Material 7: Rechtlicher Hintergrund

Rechtslage

Hatespeech ist kein feststehender, juristisch definierter Begriff. Grundsätzlich darf jeder sagen, was er meint. Unser Rechtssystem stellt [...] die Meinungsfreiheit unter den verfassungsrechtlichen Schutz des Art. 5 Abs. 1 Grundgesetz (GG) und räumt diesem Recht damit höchsten Rang ein. Darunter fallen nicht nur Werturteile, sondern auch wahre Tatsachenbehauptungen, soweit sie zur Meinungsbildung dienen können. [...] Aber das Recht zur freien Meinungsäußerung gilt nicht uneingeschränkt: Wird die Menschenwürde tangiert, das Persönlichkeitsrecht verletzt oder herabwürdigende Schmähkritik geäußert, kann ein Betroffener dagegen rechtlich vorgehen.

Straftatbestände

Strafbare Inhalte wie Verleumdungen, Beleidigungen und Volksverhetzung sind nicht von der Meinungsfreiheit gedeckt – egal ob Äußerungen online oder offline getätigt werden. So kann Hatespeech z. B. folgende Tatbestände des Strafgesetzbuches (StGB) erfüllen:

- **Volksverhetzung, § 130 StGB**
  Strafbar macht sich, wer in einer Weise, die geeignet ist, den öffentlichen Frieden zu stören, gegen Teile der Bevölkerung oder bestimmte Gruppen (nationale, rassische, religiöse oder ethisch bestimmte) zum Hass aufstachelt und zu Gewalt- oder Willkürmaßnahmen auffordert sowie vorbezeichnete Gruppierungen beschimpft, böswillig verächtlich macht oder verleumdet. [...]
  Beispiele für rassistische Posts, deren Verfasser wegen Volksverhetzung zu Geldstrafen verurteilt wurden:

  - „Ich bin dafür, dass wir die Gaskammern wieder öffnen und die ganze Brut da reinstecken." (4.800 € Geldstrafe – AG Tiergarten Berlin Az. 259 Cs 218/15)

  - „I hätt nu a Gasflasche und a Handgranate rumliegen [...]." (7.500 € Geldstrafe – AG Passau Az. 4 Ds 32 Js 12766/14)

Allerdings erfüllt nicht jeder rassistische Kommentar gleich den Tatbestand der Volksverhetzung. Damit die Gerichte einen Kommentar als volksverhetzend einstufen können, muss eine Öffentlichkeit gegeben sein. Es macht also einen Unterschied, ob eine Äußerung in privater Stammtischrunde getätigt wird oder in den Sozialen Medien. Über das Internet ist die Öffentlichkeit und damit die Prangerwirkung umso größer.

- **Beleidigung, § 185 StGB**
  Unter Beleidigung versteht man einen Angriff auf die Ehre einer Person durch Kundgabe von Missachtung.

- **Üble Nachrede, § 186 StGB**
  Strafbar ist hier das Verbreiten verächtlich machender Tatsachen, sofern diese nicht nachweislich der Wahrheit entsprechen. Spekulative herabwürdigende Äußerungen können daher schnell den Tatbestand der üblen Nachrede erfüllen.

- **Verleumdung, § 187 StGB**
  Häufig werden in Beiträgen bewusst falsche Tatsachen über einen Dritten behauptet, um diesen in der Öffentlichkeit herabzuwürdigen. Eine solche Herabwürdigung kann den Tatbestand der Verleumdung erfüllen.

- **Nötigung, § 240 StGB**
  Strafbar macht sich, wer eine andere Person gegen ihren Willen zu einem bestimmten Verhalten veranlasst.

- **Bedrohung, § 241 StGB**
  Strafbar ist auch die Bedrohung eines anderen Menschen mit einem Verbrechen.

Inhaltliche Grundlagen erarbeiten

Aufgaben zu Material 6 und 7

1. Notieren Sie rechtliche Möglichkeiten ...

... bei begangenen Hassreden: _____

_____

_____

... zur Verhinderung weiterer Hassreden: _____

_____

_____

2. Ordnen Sie folgenden Äußerungen die Straftatbestände zu.

Äußerungen	Straftatbestand
„Die Flüchtlinge haben alle teure Handys."	
„Schlampe!"	
„Wenn Du Deinen Artikel nicht löschst, polier ich Dir die Fresse."	
„Die sollte man alle verbrennen."	
„Dich Penner werde ich bekommen. Ich stech´ Dich ab!"	

Verleumdung

Beleidigung

Bedrohung

Volksverhetzung

Nötigung

3. Prüfen Sie, welche Straftatbestände das Kernphänomen der Hassrede und welche eher Begleiterscheinungen betreffen.

* 4. Reflektieren Sie mithilfe der folgenden Fragen Ihre eigenen Erfahrungen. Notieren Sie Stichpunkte in Ihr Heft.
- Halten Sie die ausgesprochenen Strafen für angemessen?
- Welche der genannten Straftatbestände haben Sie oder Menschen, die Sie kennen, schon selbst erlebt?
- Wie haben Sie/sie reagiert?
- Würden Sie nach Kenntnis Ihrer rechtlichen Möglichkeiten anders reagieren?

Material 8: Kampf gegen Hassreden

Der Kampf gegen Hassrede ist nicht zu gewinnen, aber muss geführt werden
Von Anatol Stefanowitsch, irights.info, 15.01.2016

In sozialen Netzwerken ist die Hassrede fast schon omnipräsent. Die Gegenstrategien sind vielfältig, doch sie werfen neue Probleme auf und werden die Hassrede nie ganz unterbinden. Dennoch bleiben sie notwendig. [...]
Bei der Frage, wie mit offener Menschenfeindlichkeit im Netz umgegangen werden soll – mit Vernichtungsfantasien gegenüber Flüchtlingen, Homosexuellen und Menschen mit Behinderungen oder mit Vergewaltigungsdrohungen, wie sie jede Frau erlebt hat, die sich im Netz oder anderswo öffentlich äußert [...], finden sich immer wieder dieselben rat- und hilflosen Ideen, die bei näherem Hinsehen entweder überhaupt nicht funktionieren oder die mehr Probleme auf10 werfen, als sie lösen können.

1. Mehr Strafverfolgung
Da ist erstens der Ruf nach den Strafverfolgungsbehörden. Wenn jemand verurteilt wird, der auf Facebook über Flüchtlinge Sätze schreibt wie
15 „Abschieben. Oder Zyklon B. Hat vor 75 Jahren auch geholfen.", dann mag uns das kurzfristig als befriedigend und langfristig vielleicht sogar als Lösung erscheinen. Aber erstens hängt die Latte bei der Anwendung des Paragrafen 130 StGB zu
20 Recht hoch, weil das Verbot der Hetze gegen das Recht auf freie Meinungsäußerung abzuwägen ist, sodass auf diesem Wege nur die offensichtlichsten Fälle von Hassrede geahndet werden können. Zweitens ist klar, dass Polizei und Staats-
25 anwaltschaft eine systematische Verfolgung von Hassrede in den sozialen Netzwerken wegen der schieren Menge solcher Kommentare nur mittels flächendeckender Überwachung in den Griff bekommen könnten.
30 Wir würden uns eine relative Freiheit von Hasskommentaren also mit massiver Unfreiheit bei Meinungsäußerungen insgesamt erkaufen. Hinzu kommt, dass die Strafverfolgung dort am effektivsten ist, wo Menschen ihre Klarnamen
35 verwenden. Ein Ruf nach Strafverfolgung birgt damit auch immer die Gefahr, den Begehrlichkeiten von Politik und Netzwerkbetreibern nach einer allgemeinen Klarnamenpflicht in die Hände zu spielen. Diese wäre aber gerade für die von
40 Hassrede am stärksten betroffenen Gruppen am gefährlichsten.

2. Betreiber sollen mehr löschen
Zweitens gibt es den Ruf nach der Übertragung von zensurartigen Aufgaben an die Betreiber der
45 sozialen Netzwerke selbst. Die Betreiber haben ohnehin die Möglichkeiten einer flächendeckenden Überwachung dessen, was auf ihren Plattformen vor sich geht, sie könnten sie also einsetzen, um Hassrede – und andere Formen verbalen
50 Hasses, wie etwa das Mobben einzelner Personen – durch eine rigorose Löschpolitik zu unterbinden. Selbst, wenn wir ihnen die flächendeckende Überwachung unserer Kommunikation wenigstens dem Anschein nach verbieten wollten, könn-
55 ten sie effektive Mechanismen zur Meldung von Hassrede zur Verfügung stellen und wenigstens die gemeldeten Kommentare löschen.
Das größte Problem an diesem Vorschlag ist, dass diese Netzwerke Firmen mit kommerziellen Ab-
60 sichten gehören, die weder ein Interesse daran haben, nur eine bestimmte Wertegemeinschaft anzusprechen noch gar Möglichkeiten zur gemeinsamen Wertefindung anbieten. Sie würden also selbst darüber befinden, nach welchen Kri-
65 terien Beiträge zu löschen sind, und diese Kriterien (die jedes Netzwerk heute schon hat) würden nicht unbedingt zur Problemlösung beitragen. Facebook beispielsweise löscht zwar nur selten rassistische oder sexistische Hetze, dafür aber
70 jeden Anflug einer entblößten weiblichen Brust. Das stößt zwar auf – aus meiner Sicht berechtigte – Kritik, zeigt aber nur, dass die Betreiber von Facebook eben andere Werte haben als der Teil der Nutzerinnen, die sich an dieser Löschpolitik
75 stören.

3. Hassrede erwidern

Drittens ist da die Idee der Gegenrede (oder Counterspeech). Dabei geht es darum, der Hassrede überall dort, wo sie auftritt, direkt zu widerspre-
80 chen – ruhig, erklärend und ohne Hass. Die Gegenrede wird als Strategie in den USA schon seit den 1920er Jahren im Zusammenhang mit Hassrede diskutiert [...]. Sie ist auch die bevorzugte Strategie der Netzwerkbetreiber selbst, und auch
85 einige große Online-Medien setzen darauf.
Oberflächlich betrachtet scheint Gegenrede eine gute, vielleicht sogar die beste Strategie gegen Hassrede zu sein. Sie schränkt die Meinungsfreiheit nicht ein und erfordert deshalb keinen all-
90 gemein akzeptierten Wertekanon, aus dem sich Kriterien zur Löschung von Kommentaren ableiten ließen. Sie verteilt den Umgang mit Hassrede dezentral auf alle, die im Netz kommunizieren (wobei manchmal eine besondere Verantwor-
95 tung staatlicher oder anderer gesellschaftlicher Institutionen gefordert wird); die Strategie der Gegenrede erfordert somit keine flächendeckende Überwachung durch Strafverfolgungsbehörden oder Netzwerkbetreiber und keine Klarna-
100 menpflicht. Sie führt vielleicht sogar ab und zu einmal dazu, dass Hassredner über ihre Worte nachdenken und ihre Fehler einsehen.
Aber die Strategie der Gegenrede bringt auch eine Reihe von Problemen mit sich. Erstens bür-
105 det sie die Pflicht zur Auseinandersetzung mit der Hassrede letzten Endes hauptsächlich den Betroffenen selbst auf, denn nur sie sind ständig und dauerhaft mit der Hassrede konfrontiert. Alle Nicht-Betroffenen, mögen sie noch so guten
110 Willens sein, können und werden ihre Pflicht zur Gegenrede sehr selektiv nur dann wahrnehmen, wenn sie Kraft und Zeit dafür haben.
Zweitens gibt es gute Gründe für die Netzregel „Don't feed the *troll*", die auch gegenüber den
115 Verbreiterinnen von Hassrede gelten: Reaktionen – gerade ablehnende – befeuern häufig erst den Eifer, mit dem sich Hassrednerinnen in men-

schenverachtende Aussagen hineinsteigern. Sie werden außerdem immer mehr Zeit und Kraft
120 für die Auseinandersetzung haben als diejenigen, von deren Vernichtung sie öffentlich träumen.
Für die Hassredner kommt gegenüber dem „normalen" Troll noch ein sprachstruktureller Heimvorteil hinzu: Unsere Sprache liefert uns viele
125 Wörter, mit denen sich Minderheiten abwerten, herabwürdigen und entmenschlichen lassen, aber nur wenige Wörter, die der Abwertung und Entmenschlichung entgegengestellt werden können. Die Hassrednerinnen können also sehr viel
130 Hass in sehr kurze, wenig zeitaufwendige Kommentare packen, während die Gegenrede auf lange, geduldige Erklärungen setzen muss. Schließlich legitimiert die Gegenrede im schlimmsten Fall die Hassrede, indem sie es so aussehen lässt,
135 als finde ein Meinungsaustausch auf Augenhöhe statt.

Sind wir wirklich reif für das Potenzial der sozialen Netze?

Der Kampf gegen Hassrede muss geführt werden,
140 und dabei können und müssen alle hier erwähnten Strategien – das Strafrecht, die Durchsetzung von Regeln durch die Netzwerkbetreiber und die Gegenrede zum Einsatz kommen. Der Kampf gegen Hassrede ist aber ebensowenig zu gewinnen
145 wie der Kampf gegen den Hass selbst.
Die Hassrede ist keine Konsequenz der sozialen Netze, sondern die sozialen Netze liefern ihr nur einen bequemen Weg von den Stammtischen direkt in die Öffentlichkeit. Sie sind eine Platt-
150 form, auf der sich Menschen begegnen, die einander sonst nie begegnen würden. Der unkontrollierbare Wildwuchs von Hassrede ist einer der Gründe, warum man bei aller Begeisterung für das Potenzial dieser Begegnungen daran zweifeln
155 muss, dass wir als Gesellschaft schon reif für dieses Potenzial sind.

---

[1] *Troll:* jemand, der (fortgesetzt) beleidigende, provozierende und diskriminierende Kommentare ins Internet stellt

Aufgaben zu Material 8

1. Erklären Sie in Ihrem Heft mithilfe der Materialien 5 (S. 29) und 8 (S. 35) den Begriff und das Ziel von Counterspeech.

_____

_____

_____

_____

2. Listen Sie auf Grundlage derselben Materialien (5 und 8) und durch eigene Überlegungen Nutzen und Probleme von Counterspeech in der Tabelle auf.

Nutzen	Probleme

3. Fassen Sie die beiden Möglichkeiten der Gegenrede zusammen, die Maas in seiner Rede nennt (Beispieltext B, S. 13/ Z. 130–137).

1. _____

2. _____

4. Beurteilen Sie – auch unter Rückgriff auf die Umfrageergebnisse aus Material 3 (S. 26) – die Notwendigkeit und Schwierigkeit von Counterspeech aus Ihrer Sicht.

*__5.__ Überlegen Sie gemeinsam mit einem Lernpartner, wie „Counterspeech" in der Schule thematisiert und gefördert werden könnte.

*__6.__ Im letzten Absatz von Material 8 zweifelt Stefanowitsch daran, dass die Gesellschaft schon reif für das Potenzial der öffentlichen Begegnung in sozialen Netzwerken ist. Tauschen Sie sich mit Ihrem Lernpartner über diese Einschätzung aus.

7. Informieren Sie sich im Internet über die Aktion der Tagesschau „Sag's mir ins Gesicht", bei der mehrere Moderatoren Hasskommentatoren herausgefordert und mit ihnen diskutiert haben. Reflektieren Sie die Erfahrungen der Moderatoren und beurteilen Sie den Nutzen dieser Aktion.

Inhaltliche Grundlagen erarbeiten

Material 9: Task-Force-Maßnahmen

Gemeinsam mit Vertretern von Facebook, Google und zivilgesellschaftlichen Organisationen stellte Bundesminister Heiko Maas am 15. Dezember 2015 die ersten Ergebnisse der Task Force „Umgang mit rechtswidrigen Hassbotschaften im Internet" vor. Vereinbart wurden konkrete Maßnahmen zur Bekämpfung von Hassinhalten im Internet.

An der Task Force wirkten mit:
- **Internetanbieter:**   Facebook, Google (für seine Videoplattform YouTube) und Twitter
- **Zivilgesellschaftliche Organisationen:**
  eco – Verband der Internetwirtschaft e.V.,
  die Freiwillige Selbstkontrolle Multimedia-
  Diensteanbieter (FSM),
  jugendschutz.net,
  klicksafe.de, die Amadeu-Antonio-Stiftung
  (Netz gegen Nazis) sowie der Verein „Gesicht zeigen!"

Das Ergebnispapier gibt das gemeinsame Grundverständnis der Task-Force-Mitglieder wieder und enthält konkrete Empfehlungen, wie der Verbreitung von Hassbotschaften im Internet unter voller Wahrung der Grundrechte, insbesondere der Meinungsfreiheit, entgegengewirkt werden kann. Drei dieser Maßnahmen zeigt das folgende Schaubild:

Aufgabe zu Material 9

1. Beurteilen Sie die Task-Force-Maßnahmen. Beantworten Sie dafür stichpunkt-
artig in Ihrem Heft die folgenden Fragen:
   • Wie notwendig sind diese Maßnahmen?
   • Wie wirksam sind diese Maßnahmen?
   • Welche Rolle spielen diese Maßnahmen für Sie als User?

2. Informieren Sie sich über den aktuellen Stand rund um den Gesetzesentwurf
von Justizminister Heiko Maas gegen Hass und Hetze im Internet („Netzwerk-
durchsetzungsgesetz"), den er am 19.05.2017 im Bundestag vorgestellt hat,
sowie über die Reaktionen verschiedener Akteure auf diesen Entwurf.

Aufgabe zu allen Materialien

Ergänzen Sie in der Tabelle die Lösungsansätze im Umgang mit Hatespeech. Sichten
Sie dafür vor allem die Materialien M5–M9. Notieren Sie in der zweiten Spalte die
entsprechenden Akteure.

Lösungsansätze	Akteure
Counterspeech	
Strafverfolgung	
	Betreiber der sozialen Netzwerke
	Politik

Inhaltliche Grundlagen erarbeiten

3.2 Materialien für die Schreibaufgabe auswählen

Sie verschaffen sich jetzt einen Überblick über Ihre bisherigen Recherchen und Notizen und entscheiden sich für eine der beiden Aufgabenvarianten. Deshalb sollten Sie die Materialien vollständig gelesen und bearbeitet haben. Wenn nötig, können Sie zurückblättern und einen Text nachlesen.

1. Listen Sie in der Tabelle auf, welche Materialien Informationen zu den jeweiligen Aspekten von Hatespeech enthalten.

   Tipp: Berücksichtigen Sie nicht nur ganze Texte, sondern auch einzelne Abschnitte. Notieren Sie in diesem Fall auch die Zeilen.

HATESPEECH	Begriff	Erscheinungs-formen	Ursachen	Lösungsansätze
Material (M1–M9)				

2. Entscheiden Sie sich für eine Aufgabenvariante. Nutzen Sie dabei auch Ihre Arbeitsergebnisse aus Kapitel 1 und 2.
   - Kreuzen Sie die gewählte Variante an.
   - Notieren Sie im Kästchen daneben, welche Materialien Sie nutzen wollen.

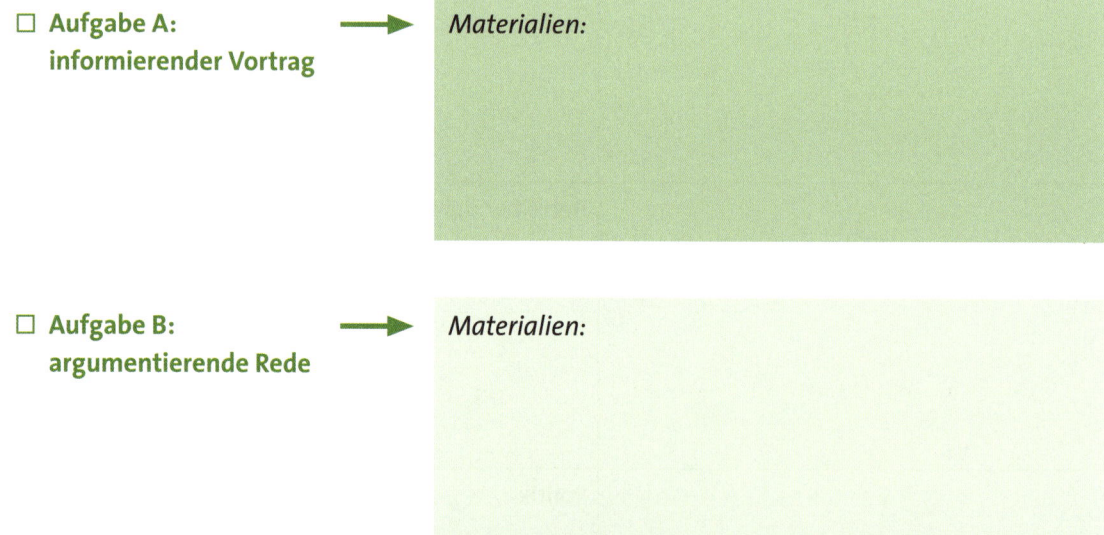

☐ **Aufgabe A: informierender Vortrag** ➡ *Materialien:*

☐ **Aufgabe B: argumentierende Rede** ➡ *Materialien:*

3. Machen Sie sich in Ihrem Heft außerdem Notizen zu folgenden Fragen:
   - Welche persönlichen Erfahrungen kann ich einbringen?
   - Welche Erkenntnisse habe ich zu diesem Thema noch, die nicht in den Materialien enthalten sind?

4 Den Text planen

Das folgende Kapitel unterstützt Sie dabei, Ihren Text schlüssig aufzubauen. Die Funktionen von Einleitung und Schluss unterscheiden sich in Vortrag und Rede kaum. Die Aufgaben berücksichtigen beide Varianten. Im Hauptteil jedoch muss unterschieden werden: Während der Vortrag Informationen nachvollziehbar strukturieren muss, will ein Redner gezielt beeinflussen, um die Adressaten von seiner Position zu überzeugen. Dafür werden Argumentationsstrategien eingesetzt. Anhand von Aufgaben lernen Sie, diese Strategien zu erkennen und in Ihrer eigenen Rede zu nutzen.

4.1 Den Text einleiten

„ Die Rede hat immer einen Anfang und meistens einen Schluss. Was dazwischen liegt, ist nicht so wichtig. Der Anfang ist verhältnismäßig leicht. Der Redner kann sich beispielsweise dafür entschuldigen, dass er redet, um es dann doch zu tun. Er kann sagen, dass er von der Sache nichts versteht, und dies sogleich unter Beweis stellen. Er kann den Zuhörern auch sagen, warum sie da sind: Die Zuhörer freuen sich immer, wenn ihnen etwas mitgeteilt wird, was sie bereits wissen. "

Manfred Rommel, * 1928

1. Beurteilen Sie die von Manfred Rommel, dem ehemaligen Oberbürgermeister von Stuttgart, „empfohlenen" Möglichkeiten, eine Rede oder einen Vortrag zu beginnen. Formulieren Sie in Ihrem Heft als Konsequenzen aus Rommels „Empfehlungen" echte Strategien für den Einstieg Ihres eigenen Rede- oder Vortragstextes.

2. Tatsächlich sollte man im Einstieg einer Rede und eines Vortrags die Zuhörer „abholen", indem man die **Situation** bzw. den **Anlass** aufgreift, das **Thema** und seine **eigene Position** bzw. **Expertise** nennt und die **Absicht des Redebeitrags** verdeutlicht.
Notieren Sie in Ihrem Heft mittels Zeilenangaben die Textstellen, mit denen diese genannten Grundbausteine in folgendem Redebeitrag umgesetzt werden.

Einführender Redebeitrag von Bundeskanzlerin Angela Merkel zur 3. Konferenz „Frauen in Führungspositionen" am 19. Oktober 2016 im Bundeskanzleramt

Liebe Frau Bundesministerin Schwesig,
meine wenigen Herren und meine vielen Damen,
herzlich willkommen. Das ist die dritte Konferenz zu der Frage „Frauen in Führungspositionen" – ein Thema, das uns ja auch in der Bundesregierung
5 beschäftigt, aber von uns nicht ganz allein gelöst werden kann, sondern der Mitarbeit vieler bedarf.
Ich brauche heute nicht darauf hinzuweisen, dass wir schon eine bewegte Geschichte zum Thema hinter uns haben. Im Mai 2013, als wir die erste dieser Konferenzen hatten, waren wir noch mitten in der Diskussion zur
10 Frauenquote. Diese steht inzwischen im Gesetzblatt, ist vom Bundespräsidenten unterschrieben und wird auch umgesetzt.

Den Text planen

Einstiegsstrategien	Beispiele für Texteinstiege
❶ Die Zuhörer können mithilfe einer Fantasiereise oder durch Sammeln von Assoziationen einbezogen werden.	(A) „Ähnlich wie bei der Quizsendung ‚Wer wird Millionär?' wird es heute bei uns zugehen. Wir müssen die passenden Antworten finden auf wichtige Fragen, die immer schwerer wiegen, Fragen zur Digitalisierung. Einen Publikumsjoker oder gar einen zu gewinnenden Geldbetrag gibt es heute zwar nicht. Jede Auflösung wird uns aber ein Stückchen weiter bringen auf unserer Suche."
❷ Neugierde kann man wecken, wenn man rätselhaft beginnt.	(B) „Sagen euch auch ständig Eltern, Lehrer oder Bekannte, ihr hängt zu viel an eurem Smartphone? Wann verstehen diese Leute, dass wir damit aufgewachsen sind? Dass wir die Generation sind, für die die digitale Technik normal ist und die damit umgehen kann? Und dass diese Technik viele Vorteile bringt? Vorteile, die wir als Digital Natives genießen. Diese Vorteile möchte ich heute aufzeigen. Ich hoffe, auch Skeptiker und Kritiker davon zu überzeugen."
❸ Eine Verbindung zwischen Redner und Zuhörer kann durch ein Wir-Gefühl hergestellt werden.	(C) „Erinnern Sie sich bitte: Wem und wann schrieben Sie Ihre letzte Whatsapp-Nachricht? – Vielleicht fällt Ihnen die Person ein, an die sie gerichtet war, vielleicht fällt Ihnen ein, wo Sie waren, als Sie die App öffneten, vielleicht überlegen Sie, wann Ihr Blick zuletzt auf Ihr Smartphone fiel. Morgens vor dem Aufstehen? Abends vor dem Schlafengehen? Wir alle nutzen ständig soziale Netzwerke. Heute möchte ich Ihnen …"
❹ Eine Verbindung mit dem Publikum lässt sich auch herstellen, indem man die Zuhörer am Redeherstellungsprozess teilhaben lässt.	(D) „Wenn Sie heute diese Veranstaltung verlassen, werden Sie genauestens über die Prozesse der Selbstdarstellung in sozialen Netzwerken informiert sein. Und das Beste: Sie werden erfahren, welche Features und Verhaltensweisen durchaus empfehlenswert sind und in welches Fettnäpfchen Sie dagegen auf keinen Fall treten sollten."
❺ Die Zuhörer können verzögert begrüßt werden, wobei dann auf den ersten Sätzen besondere Aufmerksamkeit liegt (z. B. auch mithilfe eines Zitats).	(E) „Was würden Sie machen, wenn Sie vor Jugendlichen einen Vortrag über Whatsapp, Snapchat und andere Messenger und soziale Netzwerke halten müssten? Wie würden Sie sich darauf vorbereiten? Reichen meine eigenen Erfahrungen aus, um glaubhafte Aussagen zu treffen? In meinem Fall würde ich sagen, nein. Denn das Verhalten der Jugendlichen im Netz ist ein anderes als das der Erwachsenen und darin werden mir sicher all die Jugendlichen zustimmen, die gelegentlich mit ihren Eltern schreiben."
❻ Der Redner stellt am Anfang vor, was die Zuhörer zu erwarten haben und warum es sich lohnt, aufmerksam zuzuhören.	(F) „‚Wir haben online so viele Freunde, dass wir ein neues Wort für die echten brauchen.' Ich zitiere hier nicht etwa eine berühmte Persönlichkeit, sondern das Werbeplakat einer Zeitung. Doch nicht die Werbung oder die Zeitung interessiert mich an dieser Stelle, sondern dieser Spruch, den ich sehr treffend finde. Ich wiederhole ihn gerne noch einmal für Sie: „Wir haben online so viele Freunde, dass wir ein neues Wort für die echten brauchen." Wahre Freunde, die mit einem durch dick und dünn gehen, kann man nicht genug haben. Aber während man bei Facebook Freunde oder bei Instagram Follower sammelt, sollte man sich mal wieder die Frage stellen, wie man Freundschaft überhaupt definiert."
❼ Der Redner zitiert eine Aussage, z.B. aus einer aktuellen Schlagzeile, aus Gesetzen etc. oder er zitiert Autoritäten bzw. bekannte Persönlichkeiten, um damit die eigene Aussage aufzuwerten.	(G) „Jeder steht dem Internet und der digitalen Entwicklung anders gegenüber: Netzwerker, Fan oder Skeptiker? – Was für den einen eine Lebensaufgabe ist, löst bei einem anderen Zweifel und Verzweiflung aus. Liebe Schülerinnen und Schüler, zu welcher Gruppe würdet ihr euch zählen? Netzwerker, Fan oder Skeptiker? Ich begrüße euch herzlich und möchte euch heute …"

Den Text planen

3. Um die Aufmerksamkeit der Zuhörer zu gewinnen, sollten Sie den Beginn Ihres Vortrags bzw. Ihrer Rede nicht nur informativ, sondern auch motivierend gestalten. Dafür gibt es zahlreiche Möglichkeiten, wie Sie auf S. 42 sehen können.

a) Ordnen Sie die sieben Einstiegsstrategien ❶❷ ... einem Einstiegsbeispiel (A) (B) ... zu.

_____ _____ _____ _____ _____ _____ _____

b) Notieren Sie in Ihrem Heft ggf. weitere Einstiegsstrategien.

4. Bestimmen Sie, welche Einstiegsstrategien die Autoren der beiden Beispieltexte aus Kapitel 1 (vgl. S. 6 und S. 13) gewählt haben.

	Einstiegsstrategie
Beispieltext A: Verändert das Internet unsere Kommunikation? Als ich an die Vorbereitung dieses Vortrags ging, habe ich festgestellt, dass ich den Titel als eine Frage formuliert habe, die wahrscheinlich jeder hier im Raum mit einem „Ja" beantworten wird. Natürlich haben der Computer und das Internet unsere kommunikativen Gewohnheiten verändert. [...]	
Beispieltext B: „Die Würde des Menschen ist unantastbar" – so steht es im ersten Artikel des Grundgesetzes. Was die „Würde" so ganz genau ist, darüber können Philosophen stundenlang diskutieren. Aber wenn die Würde verletzt wird, dann erkennt man das, auch ohne ein Philosoph zu sein: [...]	

5. Verfassen Sie in jeweils 50-80 Wörtern zwei eigene Einstiege, einen für den Vortrag und einen für die Rede. Nehmen Sie die Schreibaufgaben (S. 19) Ihre bisherigen Notizen als Grundlage.
Setzen Sie dabei die Grundbausteine (vgl. S. 41, Aufgabe 2) und verschiedene Gestaltungsmöglichkeiten (vgl. S. 42) um:
- Anlass/Situation
- die jeweils unterschiedliche Absicht
- das jeweils unterschiedliche Thema, Ihre Position und Funktion sowie
- verschiedene Einstiegsstrategien

✱6 Tauschen Sie mit Ihrem Lernpartner die Einstiege aus, ohne zu verraten, ob sie jeweils für den Vortrag oder für die Rede gedacht sind. Lassen Sie die Einstiege einer der beiden Textsorten (Rede oder Vortrag) zuordnen. Überlegen Sie gemeinsam, ob die Zuordnung gelungen oder nicht gelungen ist.

4.2 Den Hauptteil strukturieren

Mit den folgenden Arbeitsschritten verschaffen Sie sich noch einmal einen Überblick über Ihre bisherigen Recherchen, präzisieren dadurch das Thema und formulieren die ausgewählten Inhalte in Absätzen mit verschiedenen Funktionen aus. Sie erlernen zunächst das Strukturieren eines informierenden Vortragstextes und danach verschiedene Argumentationsstrategien für die Rede.

Einen Vortrag strukturieren

Strategien für das Strukturieren eines informierenden Textes

❶ **Ursache** **Wirkung** **Folgen**

Beginnend mit den Ursachen wird ein Phänomen/Prozess/Geschehen in seiner Wirkung erklärt. Davon ausgehend werden weitere Folgen oder auch Lösungsansätze geschildert.

❷ **Vom Allgemeinen** **zum Besonderen**

Zunächst werden Sachverhalte im Überblick, also im Allgemeinen, dargestellt. Anschließend werden bestimmte Bereiche oder Einzelfälle vertieft.

❸ **Vom Besonderen** **zum Allgemeinen**

Es ist auch möglich, vom Einzelfall auszugehen und dann eine Verallgemeinerung vorzunehmen.

❹ **Chronologie**

Eine chronologische Struktur bietet sich an, wenn man zeitliche Abfolgen darstellen will.

❺ **Bereich A** **Bereich B** **Bereich C**

Will man die Konsequenzen eines Phänomens beleuchten, kann man sie für verschiedene Akteure oder Lebensbereiche aufzeigen. Man kann die Folgen für den Einzelnen, für die Gesellschaft, für die Politik, für die Wirtschaft etc. nennen und entsprechend gliedern.

❻ **Vorteile** **Nachteile**

Hier werden Gegensätze informierend dargestellt. Zum Beispiel können Vor- und Nachteile eines Sachverhalts genannt werden, ohne dass der Autor sich dazu positioniert und seine eigene Meinung äußert.

Die **Strategien für das Strukturieren** eines informierenden Textes können auch **kombiniert** werden:

- Man kann die Ursachen eines Problems (Strategie 1) in verschiedenen Bereichen (Strategie 5) aufzeigen und anschließend die Wirkung und Folgen (Strategie 1) erläutern.
- Auch drei Formen können sinnvoll verbunden werden. Man kann Ursachen (Strategie 1) chronologisch (Strategie 4) darstellen und anschließend die Wirkungen (Strategie 1) erläutern, die wiederum vom Allgemeinen zum Besonderen (Strategie 2) wiedergegeben werden.

1. Beurteilen Sie mithilfe der Infobox auf S. 44, wie Beispieltext A (S. 6) strukturiert ist.

2. Bereiten Sie mithilfe der folgenden Mind-Map Ihren Vortrag inhaltlich vor (vgl. Schreibauftrag S. 19). Notieren Sie in den leeren Feldern zu jedem Begriff (Hatespeech, Ursachen und Erscheinungsformen) einige Stichpunkte. Ergänzen Sie in den jeweiligen Feldern, welche Materialien oder eigenen Kenntnisse bzw. Erfahrungen Sie einbringen können. Nutzen Sie Ihre Rechercheergebnisse.

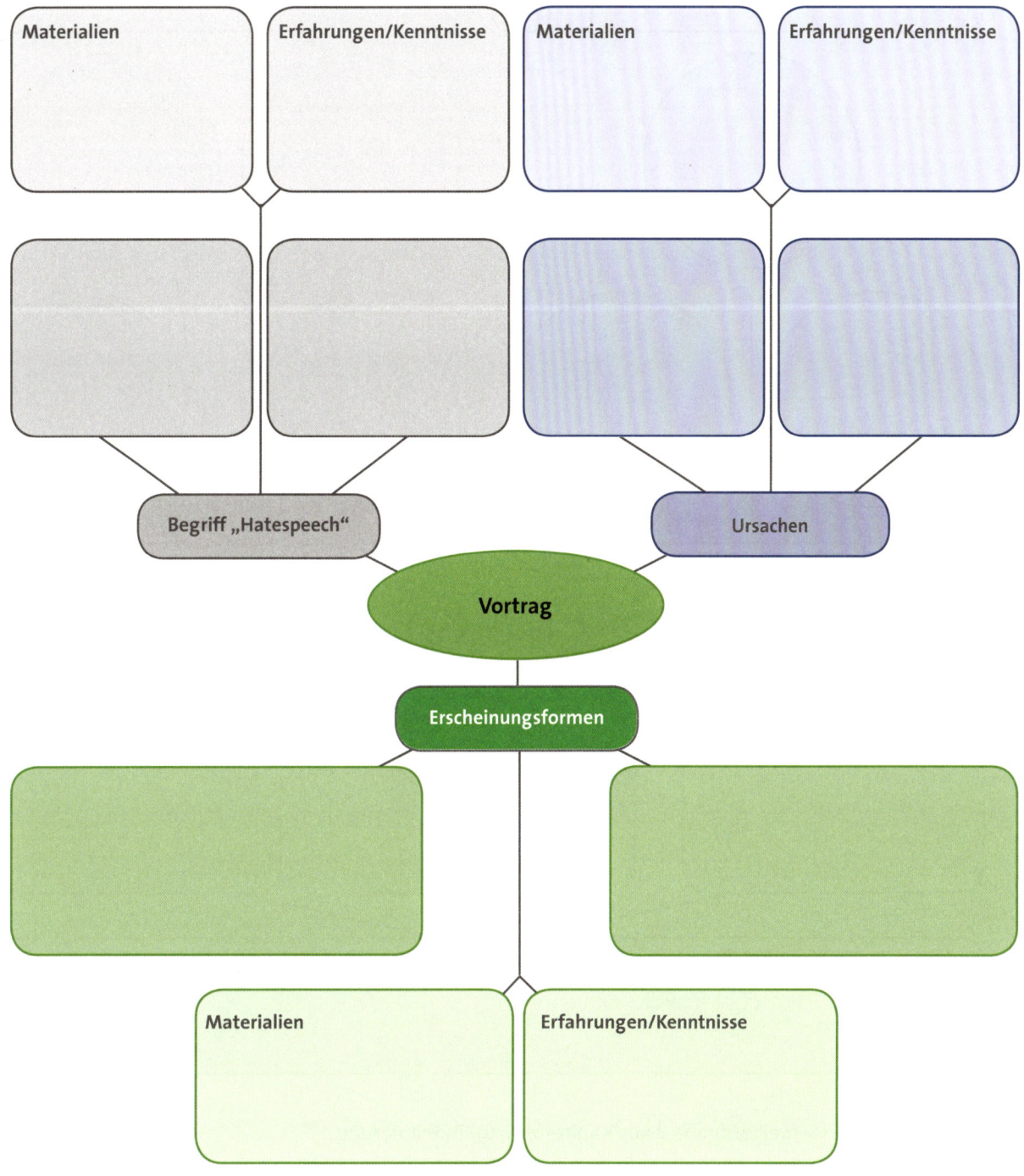

3. Strukturieren Sie mithilfe der Infobox von S. 44 Ihren Vortrag. Notieren Sie die Art bzw. Kombination der von Ihnen gewählten Strategien in Ihrem Heft.

Den Text planen

Eine Rede strukturieren

1. Bereiten Sie mithilfe der Mind-Map Ihre Rede inhaltlich vor (vgl. Schreibauftrag S. 19). Notieren Sie zu jedem Begriff einige Stichpunkte. Ergänzen Sie, welche Materialien oder eigenen Kenntnisse bzw. Erfahrungen Sie einbringen können. Nutzen Sie Ihre Rechercheergebnisse.

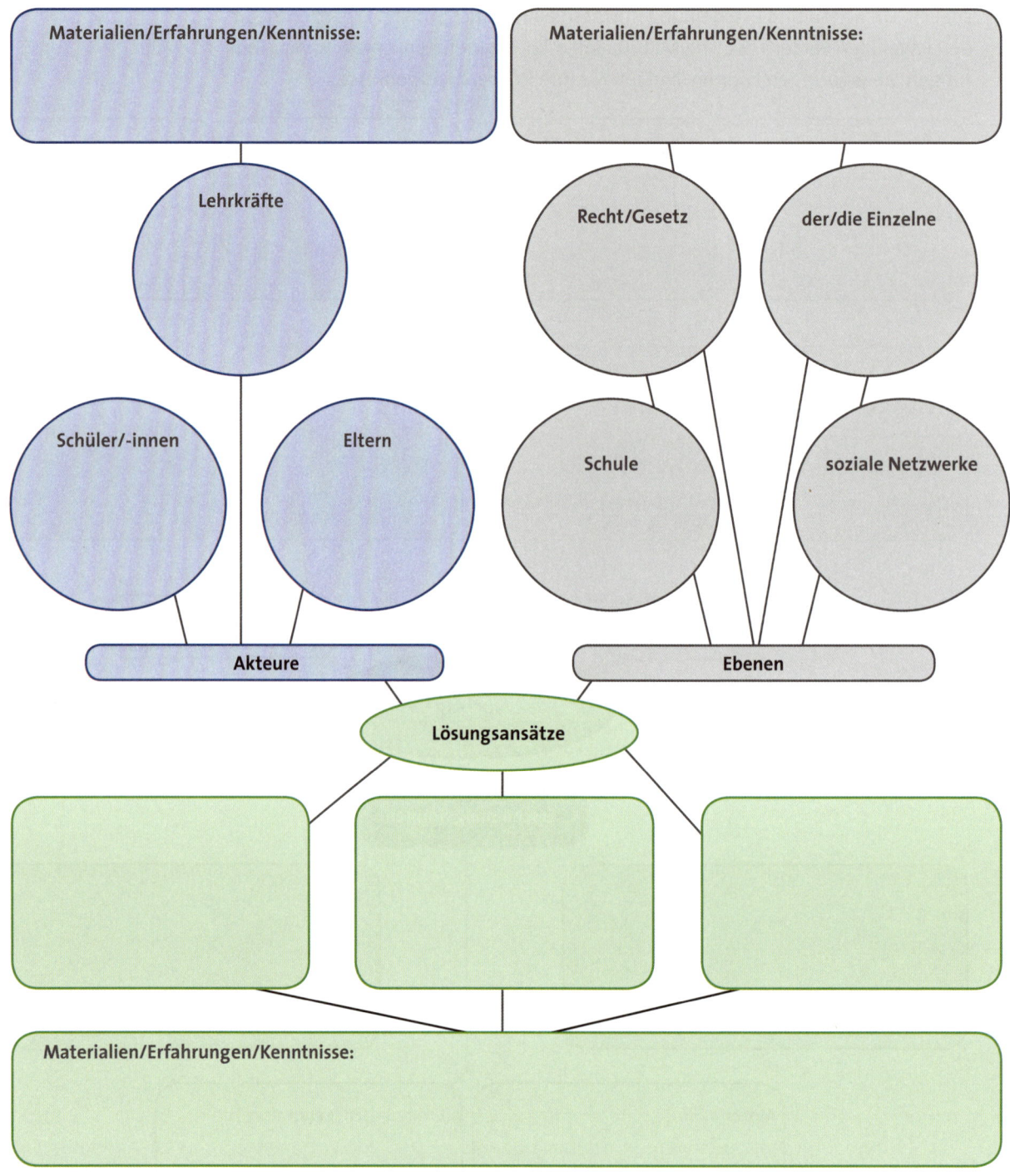

Materialien/Erfahrungen/Kenntnisse:

Materialien/Erfahrungen/Kenntnisse:

Lehrkräfte

Recht/Gesetz

der/die Einzelne

Schüler/-innen

Eltern

Schule

soziale Netzwerke

Akteure

Ebenen

Lösungsansätze

Materialien/Erfahrungen/Kenntnisse:

2. Rufen Sie sich die Schreibaufgabe B aus Kapitel 2 (S. 19) in Erinnerung. Formulieren Sie die Redeabsicht Ihrer Rede möglichst genau, indem Sie einen der folgenden Sätze in Ihrem Heft ergänzen:

Ich möchte die Zuhörer in meiner Rede überzeugen von ...
Ich möchte in meiner Rede auffordern zu ...

3. Erstellen Sie in Ihrem Heft nun einen Schreibplan, mit dem Sie Ihre Redeabsicht umsetzen. Strukturieren Sie Ihre Rede mithilfe der Mind-Map auf S. 46, indem Sie die einzelnen Bestandteile nummerieren.

4. Verschaffen Sie sich mithilfe der Grafik einen Überblick über mögliche Argumentationsstrategien. Ermitteln Sie danach die Argumentationsstrategien in Ausschnitten von Beispieltext B, die in der Tabelle auf S. 48 abgedruckt sind. Notieren Sie Ihre Ergebnisse dort in der rechten Spalte der Tabelle.

Argumentationsstrategien

emotionale Argumentation	moralisch-ethische Argumentation	taktische Argumentation	plausible Argumentation	rationale Argumentation
spricht (durch) ... an				
Gefühle	Wertvorstellungen und Normen	grundsätzliche Überlegenheit der eigenen Auffassungen	gesunder Menschenverstand, Meinungen der Mehrheit, Tradition und Gewohnheit, eigene Erfahrung	Vernunft, logisches Denken, nachprüfbare Tatsachen
beruft sich auf ... / bringt ... hervor				
• Freude • Lob • Angst/Verunsicherung der Zuhörer durch Schüren von Sorgen • Mitleid • Hass/Verunglimpfung von Gegnern und Entwurf von Feindbildern	• höhere Werte • Gerechtigkeit • Autoritäten/ ethisch vorbildlich erscheinende Persönlichkeiten	• Vorwegnahme von Einwänden • Abtun von Gegenargumenten zu nicht aussagekräftigen Einzelfällen	• Verallgemeinerungen • Selbstverständlichkeiten • Übertreibungen • Pauschalurteile	• Fakten • Daten • Zahlen aus Quellen, Statistiken etc.
überzeugt durch ...				
Das Gefühl entscheidet. Appelle, Ausrufe und Ich-Botschaften wecken Gefühle.	Der Anstand entscheidet. Moralischer Druck oder Appelle überzeugen.	Die Führungsfigur entscheidet. Die Überlegenheit des Redners überzeugt. Es entsteht Verbundenheit mit dem Meinungsführer und das Gefühl von Gruppenzugehörigkeit.	Durch eigene Erfahrungen und Einschätzung entscheidet man sich. Die Nachvollziehbarkeit überzeugt.	Der Verstand entscheidet. Die logische Gedankenführung überzeugt. Das Ziel ist das Finden der Wahrheit.

Textausschnitt (Beispieltext B, S. 13):	Argumentationsstrategie
Z. 5-10: „Die Würde des Menschen ist unantastbar" – so steht es im ersten Artikel des Grundgesetzes. Was die „Würde" so ganz genau ist, darüber können Philosophen stundenlang diskutieren. Aber wenn die Würde verletzt wird, dann erkennt man das, auch ohne ein Philosoph zu sein:	
Z. 63-66: Diese Beispiele zeigen: Was im Netz passiert, bleibt nicht nur virtuell. Es hat enorme Auswirkungen auf unser reales Leben. Deshalb ist es wichtig, sich mit Grenzverletzungen im Internet zu befassen.	
Z. 75-78: Was können wir alle zum Schutz der Menschenwürde im Netz tun? Was können wir tun, damit wir uns auch im Netz mit mehr Respekt begegnen?	
Z. 79-81: Erstens: Der Staat – also Polizei, Gerichte und Politiker wie ich – müssen etwas tun. Und das machen wir auch.	
Z. 92-97: Um vor allem Jugendliche gegen Cybermobbing besser zu schützen, hat der Bundestag das Strafgesetzbuch geändert. Seit 2015 ist es verboten, Fotos zu machen, die andere Menschen hilflos zeigen. Also zum Beispiel Betrunkene, die sich nicht mehr unter Kontrolle haben.	
Z. 105-107: Deswegen sagen wir: Hier hört der Spaß auf! Das ist kein Streich mehr! Wer so was ins Netz stellt, handelt kriminell!	
Z. 165-171: Fritz Bauer war ein kluger Jurist, der sich viel mit der Menschenwürde beschäftigt hat. Er hat mal gesagt: „Wir können aus der Erde keinen Himmel machen, aber jeder von uns kann etwas tun, dass sie nicht zur Hölle wird."	

5. Entscheiden Sie, an welcher Stelle in Ihrer Rede Sie welche Argumentations-strategie einsetzen wollen. Notieren Sie die Strategien in Ihrem Schreibplan S. 46.

6. Schreiben Sie zwei Absätze Ihrer Rede in Ihr Heft: Argumentieren Sie einmal rational, einmal moralisch-ethisch. Verwenden Sie die jeweils passenden Belege (Fakten und Zahlen bzw. Erfahrungen).

* 7. Tauschen Sie einen Absatz mit Ihrem Lernpartner. Geben Sie sich gegenseitig Rückmeldung, ob das Argument wirklich an den Verstand bzw. an den Anstand appelliert.

8. Überarbeiten Sie Ihre Absätze, indem Sie prüfen,
   - ob eine andere Argumentationsstrategie besser passen würde (vgl. Infobox, S. 47) und
   - ob die Überzeugungskraft durch weitere Belege erhöht werden könnte (vgl. alle Materialien, S. 21–39).

   Formulieren Sie Ihre Absätze entsprechend um.

4.3 Den Text beenden

1. Beurteilen Sie den Schluss aus Beispieltext B hinsichtlich seiner Länge und seines Inhalts: „Herzlichen Dank, dass Ihr bei diesem Wettbewerb mitgemacht habt, und jetzt bin ich gespannt, wer die Gewinner sind." (S. 14)

Länge: _____

Inhalt: _____

2. Maas steigt in Beispieltext B mit dem Zitat „Die Würde des Menschen ist unantastbar" (Art. 1 GG) ein (vgl. S. 13). Überarbeiten Sie seinen Schluss (30-40 Wörter) in Ihrem Heft, indem Sie das Zitat wieder aufgreifen. Wählen Sie eine der beiden folgenden Möglichkeiten:

Geändertes Zitat	Weiterführung des Zitats
„Die Würde ist antastbar." Titel einer 2014 erschienenen Essaysammlung von Ferdinand von Schirach (deutscher Strafverteidiger und Schriftsteller)	**Grundgesetz, Artikel 1:** (1) Die Würde des Menschen ist unantastbar. Sie zu achten und zu schützen ist Verpflichtung aller staatlichen Gewalt. (2) Das Deutsche Volk bekennt sich darum zu unverletzlichen und unveräußerlichen Menschenrechten als Grundlage jeder menschlichen Gemeinschaft, des Friedens und der Gerechtigkeit in der Welt. [...]

3. Vergleichen Sie den Originalschluss aus Aufgabe 1 mit der Alternative, die eine Schülerin verfasst hat. Fassen Sie inhaltliche Gemeinsamkeiten zusammen.

> „Liebe Schülerinnen, liebe Schüler, liebe Zuhörer, ich hoffe, dass alle das nächste Mal, wenn sie im Internet surfen, darauf achten, dass viele Menschen sie manipulieren wollen, sei es durch Fake-News oder durch Hatespeech, und dass es unter uns viele mutige Menschen gibt, die sich dagegenstellen. Ich hoffe, mein Vortrag konnte die Notwendigkeit von Zivilcourage im Netz hervorheben. Vielen Dank für Ihre Aufmerksamkeit und meinen Glückwunsch an die Gewinner, die nun bekannt gegeben werden."

Gemeinsamkeiten: _____

_____

4. Schreiben Sie in Ihrem Heft den Schluss für Ihre Rede / Ihren Vortrag. Berücksichtigen Sie dabei den Redeanlass und den Adressatenbezug. Wählen Sie für eine ansprechende Gestaltung außerdem eine der folgenden Möglichkeiten:

- Appell an Verantwortliche und/oder Betroffene
- Aufgreifen eines im Einstieg verwendeten Zitats, das einen neuen abschließenden Kommentar erhält oder erweitert/verändert wird
- Blick in die Zukunft
- Ausdruck einer Hoffnung / eines Wunsches
- Verbindung von Anfang und Ende durch Wiederholung von Wörtern und Wendungen aus dem Einstieg

5 Den Text sprachlich gestalten

Ein Vortrags- bzw. Redetext dient als Manuskript für den zu haltenden Vortrag / die zu haltende Rede. Er muss deshalb die Bedingungen der Mündlichkeit berücksichtigen. Die Zuhörer müssen alle Sachverhalte bzw. Argumentationen nachvollziehen können.

Sie erhalten in diesem Kapitel Hinweise zur sprachlichen Gestaltung, die das Zuhören erleichtern und Ihr Publikum einbeziehen. Außerdem finden Sie Beispiele, Erläuterungen und Übungen zur Wiedergabe von Materialinhalten und zu rhetorischen Figuren, durch deren Einsatz Sie die Verständlichkeit, Anschaulichkeit, Eindringlichkeit und Einprägsamkeit Ihres Textes verbessern können.

Beispieltext C

**Vortrag des ehemaligen Bundespräsidenten Joachim Gauck
zur Preisverleihung von „Jugend debattiert"**
Berlin, 18. Juni 2016

Debattieren ja! Aber warum? Ich stelle mir vor: Wer debattieren kann, der kann noch viel mehr. Sonst könnte er nicht debattieren.

Er oder sie hat sich Wissen angeeignet, kann sich
5 ausdrücken, argumentieren und hoffentlich auch zuhören. Er kann sich verständlich machen, sie kann sich verständlich machen und sich mit anderen auf etwas verständigen. Frei reden und debattieren können, das heißt, sich einmischen
10 und etwas erreichen wollen. Es bedeutet, selbstbewusst und fair zugleich aufzutreten.

Und deshalb, liebe Finalistinnen und Finalisten, deshalb könnt ihr mit Recht stolz darauf sein, bis in die Endrunde dieses Wettbewerbs gekommen
15 zu sein. Dies ist ein Wettstreit, der regelmäßig Sieger ermittelt, aber eigentlich keine Verlierer kennt. Eine wirklich gute Debatte kennt nämlich, genau besehen, nur Gewinner. Oder, anders gesagt: Aus einer guten Debatte nehmen alle Betei-
20 ligten etwas mit nach Hause.

Der Stoff für neue Wortgefechte wird niemals ausgehen, einfach, weil es kein Thema gibt, bei dem nicht wenigstens zwei Meinungen aufeinandertreffen können. Gucken wir mal auf den Deut-
25 schen Bundestag. Der hat allein in einer einzigen Woche im ersten Halbjahr 2016 über Folgendes debattiert: die Vereinfachung von Besteuerungsverfahren, die Bekämpfung von Fluchtursachen, die Kosten des Netzausbaus, das Freihandelsab-
30 kommen mit den Vereinigten Staaten, die Arbeitsbedingungen von Hebammen und den Bundeswehreinsatz in Mali.

Joachim Gauck, von 2012 bis 2017 elfter Bundespräsident

Wenn wir aus dem Parlament in unser tägliches Leben schauen, wird auch da ständig debattiert –
35 mit Freunden, mit der Familie. Es gibt kaum ein Thema, das sich nicht eignen würde für Debatten, auch für Streit. Wir Menschen hören einfach nicht auf, uns auseinanderzusetzen. Sich auseinandersetzen – ein Begriff, der bei genauerem
40 Hinsehen vielschichtig ist: Wir setzen uns auseinander, um irgendwie doch wieder zusammen zu finden. Und zusammenfinden, das muss auch nicht unbedingt heißen, dass man am Ende einer Meinung ist. Es kann heißen, dass ein besse-
45 res und vielleicht ein gemeinsames Verständnis eines Problems entwickelt worden ist.

Ich habe manchmal den Eindruck, dass hierzulande, jedenfalls manchmal, viel debattiert wird, aber dass es doch gleichzeitig eine gewisse Scheu
50 vor inhaltlichem Streit gibt, vor klaren Alternativen, oft auch einfach vor der Konfrontation. Dabei wissen wir doch: Streit kann durchaus fruchtbar sein. Man muss ihn aushalten können. Das muss man lernen. Und wenn der Streit erhellend
55 und am Ende produktiv sein soll, muss man ihn

eben wagen und nicht alles verschleiern, in der Hoffnung, dass niemand die eigentliche Absicht bemerkt.

Und wenn Meinungen dann doch weit ausein-
60 andergehen, wenn noch dazu ein kämpferischer Gestus gewählt wird, dann beobachte ich in jüngster Zeit eine Besorgnis erregende Art, mit Streit umzugehen: Man diffamiert die Gegner oder man bezichtigt sie der Lüge oder attackiert
65 sie gar persönlich. Macht diese Art des Umgangs miteinander Schule, dann sind wir auf einem gefährlichen Weg und wir haben gleich zwei Arten dieses gefährlichen Weges: einmal im wirklichen Leben und einmal im Netz. Auch da trainieren
70 manche ihre Aggressivität.

Um eine Auseinandersetzung produktiv führen zu können, geben sich Menschen Regeln. Auf die Frage, welcher Grundregel Debatten folgen oder doch wenigstens folgen sollten, findet etwa das
75 Unterhaus des britischen Parlaments, das House of Commons, eine sehr handfeste Antwort. Zwischen den Vertretern der Regierung auf der einen Seite und auf der anderen Seite der Oppositionsführung befindet sich ein Tisch. Viele haben das
80 Bild vor Augen, weil es oft im Fernsehen zu sehen ist. Auf diesem Tisch liegt – während der Sitzung – der sogenannte „Streitkolben".

Das war ursprünglich eine Waffe und jetzt symbolisiert dieses Gerät die Autorität der Krone. Zu
85 beiden Seiten der Kammer sind rote Linien gezogen. Sie haben einen Abstand von zwei Schwert-

längen zueinander. Diese Linien zu überschreiten, ist den Abgeordneten während der Sitzungen nicht erlaubt.

90 Das britische Parlament folgt dieser Regel seit dem Mittelalter. Heute symbolisiert der Streitkolben dort in der Mitte das Gewaltmonopol des Staates. Er erinnert uns daran, was für ein gewaltiger Fortschritt der Gewaltverzicht innerhalb
95 von Gesellschaften ist. Dieser Verzicht hat uns Menschen auf eine andere, auf eine höhere Zivilisationsstufe gehoben.

Im Parlament, das sagt schon der Name, zählt das Wort. Hier überzeugt nur das bessere Argument,
100 der leidenschaftlichere Vortrag, der gewitztere Umgang mit Sprache. Es kann eine Lust sein, einer Debatte zu folgen, die mit diesen Mitteln geführt wird. Und es kann Unlust entstehen, wenn nur hohl klingende Worte zu hören sind.

105 Liebe Finalistinnen und Finalisten,
bei Euch ist Ersteres der Fall. Ihr wisst aus eigenem Erleben: Es kann eine Lust sein, eine solche Debatte zu führen.

Und deshalb bedanke ich mich an dieser Stelle
110 auch bei allen Organisationen, die diesen Bundeswettbewerb mit ihrer Arbeit und ihren Ressourcen ermöglichen, ich will ihnen von Herzen danken, genauso Ihnen, der Jury. Und ich will Sie darin bestärken, dieses gute Werk weiter zu för-
115 dern.

Herzlichen Dank Ihnen!

Aufgaben zu Beispieltext C

1. Kreuzen Sie an, welche Absicht Gauck in seinem Vortrag hauptsächlich verfolgt. Notieren Sie in Ihrem Heft drei Textbelege für Ihre Einschätzung. Tauschen Sie sich mit einem Lernpartner über Ihr Urteil aus.

○	○	○	○	○
informieren	überzeugen	loben	zum Nachdenken anregen	appellieren

2. Fassen Sie in Ihrem Heft in Stichpunkten zusammen, welchen Nutzen Gauck in der Fähigkeit des Debattierens für den Einzelnen und für die Gesellschaft sieht.

3. Gauck zieht als Beispiel für Debattierregeln den Streitkolben im britischen Parlament (vgl. Z. 71–89) heran. Erklären Sie stichpunktartig, welche Wirkung Gauck mit dem Bild erreicht.

Den Text sprachlich gestalten

5.1 Fürs Hören schreiben

Hörverständlichkeit

Hörverständliches Sprechen ist wichtig, damit eine Botschaft nicht nur gehört, sondern auch verstanden wird. Im Prozess des Zuhörens werden Informationen aufgenommen und verarbeitet, indem sie mit vorhandenem Wissen, mit vorliegenden Erfahrungen und dem eigenen Wertesystem verknüpft und abgeglichen werden, was wiederum im Gedächtnis gespeichert wird. Dieser vereinfachte Ablauf zeigt, welche Leistung das Gehirn in kürzester Zeit bringen muss, um das Gehörte zu verstehen. Deshalb erfordert das Zuhören Konzentration und ist Ermüdungs- und Sättigungserscheinungen unterworfen. Die Aufmerksamkeit der Zuhörer ist zu Beginn meist hoch, also in der „Honeymoon"-Phase, weil die Zuhörer noch neugierig sind. Mit zunehmender Redelänge sinkt die Aufmerksamkeit jedoch, vor allem wenn die Hörverständlichkeit gering ist.

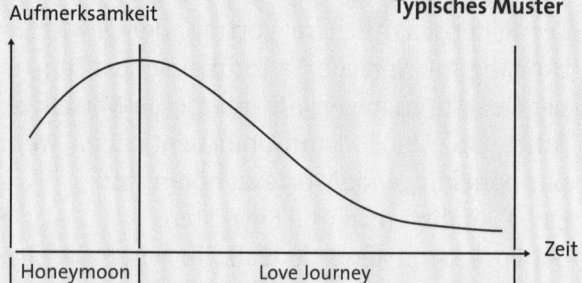

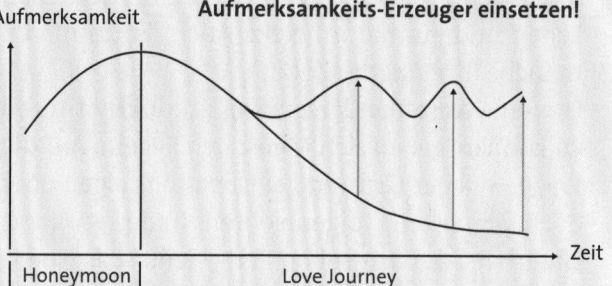

Einige Strategien sollten Sie anwenden, um das Zuhören zu erleichtern und die Aufmerksamkeit Ihrer Zuhörer zu sichern:

- **Satzlänge:** Für die Grenze der Verständlichkeit beim Zuhören liegt der Richtwert bei etwa 15 Wörtern pro Satz. Besonders wichtige Aussagen wie Thesen oder Schlussfolgerungen werden in kurzen Sätzen auf den Punkt gebracht, wohingegen längere Sätze Zusammenhänge erklären.

- **Satzkomplexität:** Lange und verschachtelte Sätze sind nicht nur schwer zu sprechen, sondern für einen Zuhörer auch schwerer mitzudenken. Er muss den Satz von Anfang bis Ende im Kopf behalten können, um ihn zu verstehen. Deshalb sind kurze, prägnante Sätze und einfach gebaute Sätze vorzuziehen.

- **Sprachliche Marker/Strukturierungshilfen/ Überleitungen** wie „Wir können festhalten ...", „Um es auf den Punkt zu bringen ...", „Drei Aspekte müssen wir beachten: Erstens ... Zweitens ... Drittens ..." helfen dem Zuhörer, die Struktur nachvollziehen und dem Aufbau gedanklich folgen zu können.

- **Wiederholung:** Mündliche Äußerungen leben von der Wiederholung, da sie wichtige Inhalte und Argumente verstärkt und dafür sorgt, dass Informationen einfacher verarbeitet werden.

- **Adressatenbezug** bewirkt höhere Aufmerksamkeit z.B. durch direkte und indirekte Anrede, Formulierungen aus der Perspektive der Zuhörer, Beispiele aus der Lebenswelt der Adressaten, die Aufmerksamkeit fesselnde Erzählungen und Beschreibungen, an das Publikum gerichtete Fragen und Ausrufe oder durch Ich-Botschaften.

- **Rhetorische Figuren** sorgen für Anschaulichkeit, Eindringlichkeit und Einprägsamkeit des Gesagten, z.B. durch Leitmotive, sprachliche Bilder, Vergleiche, rhetorische Fragen, Klimax, Ausrufe, besondere Satzstellungen.

- **Sprachstil/Wortwahl:**
  - Aktive Verben und einfache Adjektivkonstruktionen lassen sich besser verfolgen als ein von Nomen geprägter Stil.
  - **Fremdwörter** und **Fachbegriffe** können dann in Maßen verwendet werden, wenn sie entweder bei den Adressaten als bekannt vorausgesetzt werden können oder wenn sie erklärt werden. Hat man Zuhörer mit unterschiedlichem Bildungsniveau vor sich, sollte man sie vermeiden. Oft geht es auch ohne Fremdwort.

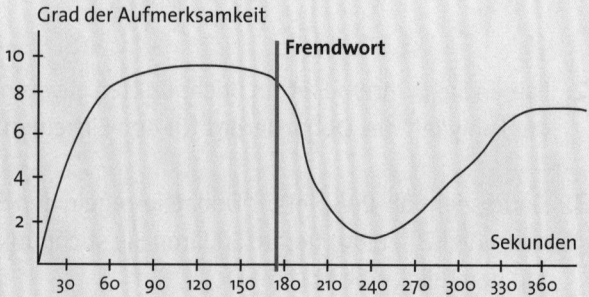

1. Lesen Sie die Zeilen 47 bis 70 aus Beispieltext C (S. 50) in einer Kleingruppe laut vor, ohne dass die übrigen Gruppenmitglieder mitlesen. Beurteilen Sie gemeinsam, ob der Text hörerfreundlich ist. Kriterien dafür finden Sie in der Infobox S. 52.

2. Formen Sie die gereihten Hauptsätze (Parataxen) aus Beispieltext C in ein Satzgefüge (Hypotaxe) um. Vergleichen Sie beide Satzkonstruktionen und notieren Sie ihre Wirkung.

Parataxe: „Streit kann durchaus fruchtbar sein. Man muss ihn aushalten können. Das muss man lernen." (S. 50, Z. 52 f.)

Wirkung: _____

Hypotaxe: _____

_____

Wirkung: _____

3. Zerlegen Sie die folgenden komplexen Satzgefüge (aus Material 5, S. 30) in Ihrem Heft in mehrere gereihte Hauptsätze.

Sozialpsychologisch erwiesen ist außerdem, dass das Zugehörigkeitsgefühl zu einer bestimmten Gruppe und der Schutz der Anonymität zu aggressiven Verhaltensweisen führen können, die der Einzelne ohne Gruppenbindung sonst nicht an den Tag legen würde. In solchen Fällen ist die argumentative Gegenrede allenfalls dann erfolgversprechend, wenn sich die gegnerischen Parteien darauf einigen können, sich auf einen Perspektivwechsel einzulassen.

*4. Lesen Sie mit einem Lernpartner abwechselnd erst die Satzgefüge, dann die gereihten Hauptsätze laut vor. Besprechen Sie mit Ihrem Lernpartner, was hörerfreundlicher ist.

5. Erklären Sie, warum an den angegebenen Textstellen von Beispieltext A (S. 6) gereihte Hauptsätze (Parataxen) überwiegen.

	Beispieltext A (siehe Kapitel 1, S. 6)	
	Textstellen: Z. 14–17, Z. 65–66, Z. 67–71, Z. 78–80 Z. 101–106	Wirkung der Parataxe
Begründung		

6. Hörverständlich ist ein Text, wenn der Zuhörer die Struktur der Inhalte nachvollziehen kann. Abgrenzungen, Gegensätze und Aufzählungen werden deshalb
durch entsprechende sprachliche Wendungen gekennzeichnet.

a) Untersuchen Sie, wie in den Beispieltexten Gegensätze und Aufzählungen
verdeutlicht werden. Notieren Sie die entsprechenden Formulierungen aus
den angegebenen Textstellen.

*b) Sammeln Sie anschließend mit Ihrem Lernpartner weitere Formulierungen.

	Gegensätze/ Kontraste	Aufzählungen
Beispieltext A, S. 6	Z. 107 ff.: Z. 149-153: Z. 167:	Z. 246-255: Z. 235 f.:
Beispieltext B, S. 13	Z. 40 f. und Z. 161-165: Z. 90 f.:	Z. 79: Z. 108: Z. 128:
Beispieltext C, S. 50	Z. 42-46: Z. 101-104:	Z. 65-70:
weitere Formulierungen		

7. Prüfen Sie die Hörverständlichkeit Ihrer bisher ausformulierten Abschnitte.
Überarbeiten Sie Ihre Texte entsprechend.

☐ Habe ich einfache Sätze mit unterschiedlichen Längen, aber maximal 15
Wörtern formuliert, besonders bei Kernbotschaften meines Manuskripts?

☐ Verwende ich hypotaktische Satzkonstruktionen (nur) bei der Erklärung
komplexerer Inhalte?

☐ Erleichtere ich das Zuhören durch die Verwendung aktiver Verben und
einfacher Adjektivkonstruktionen?

☐ Sind alle Fremdwörter/Fachbegriffe notwendig? Werden sie verständlich
und nachvollziehbar erklärt, wenn sie nicht als bekannt vorausgesetzt
werden können?

☐ Habe ich in ausreichendem Maß Überleitungen und Strukturierungs-
hilfen eingebaut?

☐ Habe ich Gegensätze und Aufzählungen sprachlich verdeutlicht?

5.2 Adressatenbezug herstellen

Um zu wissen, wie Sie Ihre Zuhörer ansprechen sollen, müssen Sie Ihre Adressaten kennen. Ein Vortrag oder eine Rede vor Schülerinnen und Schülern muss anders gestaltet sein als vor Experten. Zu den Adressaten müssen sowohl die Art der Anrede (z.B. „du"/„Sie") als auch das Sprachniveau passen. In den folgenden Aufgaben lernen Sie verschiedene Mittel kennen, mit denen Sie den Adressatenbezug herstellen können.

1. Weisen Sie den Adressatenbezug an den Beispieltexten B und C nach.

Merkmal	Umsetzung in Beispieltext B (S. 13)	Umsetzung in Beispieltext C (S. 50)
direkte und indirekte Anrede (auch während des Vortrags / der Rede)	„Sehr geehrter [...], vor allem aber: liebe Schülerinnen und Schüler!" (Z. 1–4)	
Formulierungen aus der Perspektive der Zuhörer (wir/du/ihr/Sie)		„bei euch ist Ersteres der Fall. Ihr wisst aus eigenem Erleben ..." (Z. 106 f.)
Beispiele aus der Lebenswelt der Adressaten		
die Aufmerksamkeit fesselnde Erzählungen und anschauliche Beschreibungen		
an das Publikum gerichtete Fragen und Ausrufe		
Ich-Botschaften, die die Redesituation bewusst machen	„Ich bin daher sehr dankbar ..." (Z. 67)	

2. Beurteilen Sie die Wirkung des Adressatenbezugs in folgendem Ausschnitt aus Beispieltext B (S. 13). Tragen auf der Skala ein Kreuz ein.

100% _____ 0%

Ich fühle mich sehr angesprochen und einbezogen.

Ich fühle mich kaum angesprochen, kaum einbezogen.

„Es geht aber nicht nur um peinliche Fotos. Es geht auch um die Art, wie wir miteinander streiten und diskutieren. Nicht alle Menschen waren damit einverstanden, dass Deutschland im vergangenen Jahr so vielen Flüchtlingen geholfen hat. Aber statt mit guten Argumenten zu begründen, warum sie das für falsch halten, haben viele Kritiker im Internet einfach nur rumgepöbelt. Da hat etwa ein Mann aus Mecklenburg-Vorpommern bei Facebook geschrieben: Die Menschen sollten bei ihrer Flucht übers Mittelmeer ‚ersaufen' oder bei ‚lebendigem Leib verbrennen'." (Z. 40-51)

*3. Fassen Sie mit Ihrem Lernpartner die Mittel zusammen, mit denen im Textausschnitt auf S. 55 Adressatenbezug hergestellt wird.

4. Stellen Sie sich vor, der Vortrag aus Beispieltext A (S. 6) würde vor Oberstufenschülerinnen und -schülern gehalten werden. Geben Sie Strategien für Überarbeitungen an, die für diese Adressaten an dem Text vorgenommen werden müssten.

- _____

- _____

- _____

- _____

5. Überarbeiten Sie – wo nötig – Ihre bisherigen Absätze, indem Sie die Adressaten durch verschiedene Mittel einbeziehen.

*6. Kreuzen Sie an, zu welcher Argumentationsstrategie welcher Adressatenbezug besonders gut passt. Diskutieren Sie Ihr Urteil mit einem Lernpartner.

Adressatenbezug	Argumentationsstrategien				
	emotional	moralisch-ethisch	plausibel	taktisch	rational
Formulierungen aus der Perspektive der Zuhörer (du/ihr/Sie)					
lebensnahe Beispiele, am besten mit Bezug zu den Adressaten					
Fragen und Ausrufe					
Ich-Botschaften					

*7. Suchen Sie in Ihrem Text zwei Stellen, an denen Sie die Argumentationsstrategie ändern könnten, und diskutieren Sie mögliche Überarbeitungen mit einem Lernpartner.

5.3 Anschaulich, eindringlich und einprägsam schreiben

Im Folgenden finden Sie Beispiele, Erläuterungen und Übungen zu einigen rhetorischen Figuren, durch deren Einsatz Ihr Text anschaulich, eindringlich und einprägsam wird.

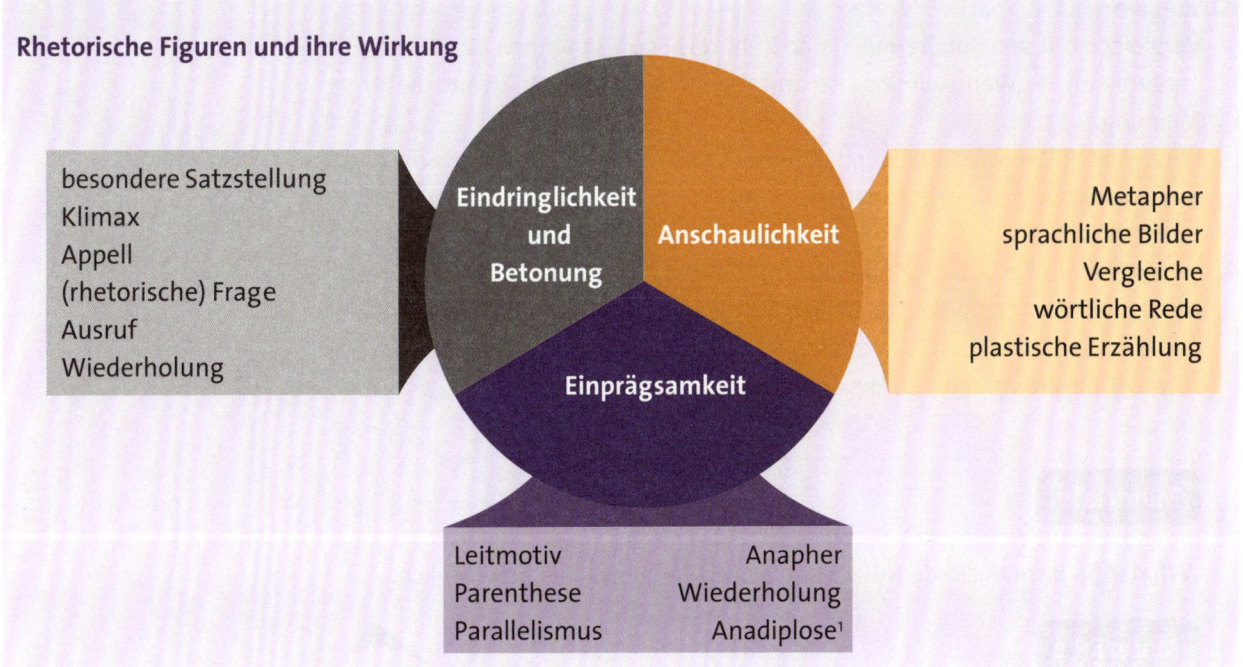

1. Untersuchen Sie die Wirkung der rhetorischen Figuren in Beispieltext C (S. 50).
   a) Beurteilen Sie seine sprachliche Gestaltung.
      Verwenden Sie dafür die Skala in der folgenden Tabelle.

	++	+	o	-	--	rhetorische Mittel in Beispieltext C
Eindringlichkeit und Betonung						
Anschaulichkeit						
Einprägsamkeit						

   b) Analysieren Sie mithilfe der Infografik, welche rhetorischen Mittel diese Wirkung erreichen. Beschränken Sie sich bei der Analyse auf die Zeilen 1 bis 46.

2. Legen Sie fest, ob und an welcher Stelle Ihr eigener Text für den Zuhörer eindringlich und einprägsam sein soll. Machen Sie in Ihrem Schreibplan (Aufgabe 2, S. 45 bzw. Aufgabe 1, S. 46) entsprechende Notizen.

3. Gestalten Sie einen dieser Abschnitte in Ihrem Heft aus. Setzen Sie dabei rhetorische Mittel ein.

---

[1] *Anadiplose* ist ein Stilmittel der Wortwiederholung. Dabei werden die Wörter des letzten Satzes zu Beginn des neuen Satzes wiederholt, wodurch diese hervorgehoben und betont werden.

Beispiel: „Mit dem Schiffe spielen Wind und Wellen // Wind und Wellen spielen nicht mit seinem Herzen." (Goethe, Seefahrt)

Den Text sprachlich gestalten

Veranschaulichung von Mengen- und Zahlenangaben

In Vorträgen und Reden ist es besonders wichtig, dass man Mengen- und Zahlenangaben veranschaulicht und damit fassbar macht. Das gelingt über Vergleiche mit bekannten Größenverhältnissen.

Strategien:

- Vergleiche mit den Zuhörerinnen und Zuhörern: 50%-Angaben bei Umfrageergebnissen → „Wenn wir uns also umsehen, wäre hier jeder Zweite dieser Meinung."
- Vergleiche mit bekannten Gruppengrößen: 500 Mio. → „Das entspricht der Anzahl aller Bewohner der Europäischen Union."

4. In den Materialien 1 und 2 finden Sie Fakten und Zahlen rund um soziale Netzwerke und Messengerdienste. Stellen Sie diese zusammen mit einem Lernpartner anschaulich dar. Formulieren Sie in Ihrem Heft pro Strategie einen Absatz. Die Infobox gibt Ihnen Hinweise.

Material 1

„WhatsApp hat 1 Milliarde Nutzer und 42 Milliarden Nachrichten täglich."

Material 2

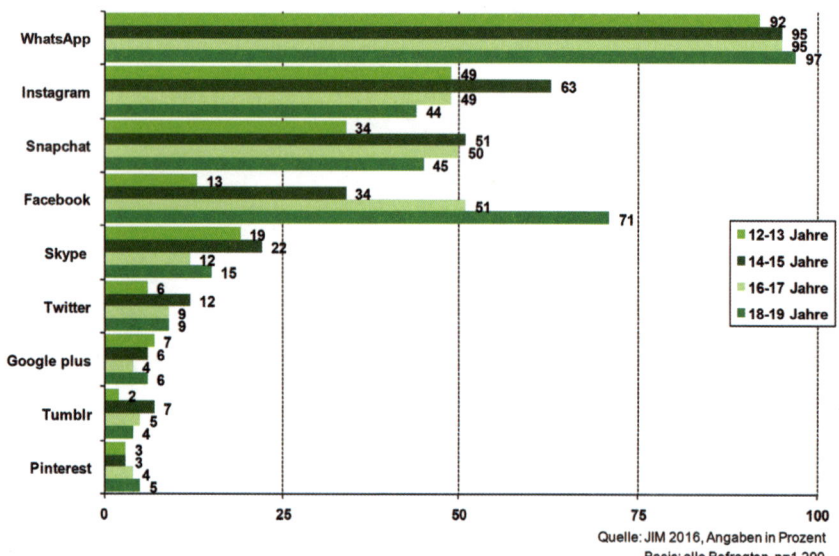

Aktivitäten im Internet – Schwerpunkt: Kommunikation 2016
- täglich/mehrmals pro Woche -

Quelle: JIM 2016, Angaben in Prozent
Basis: alle Befragten, n=1.200

* 5. Erarbeiten Sie mit Ihrem Lernpartner eine anschauliche Darstellung der Umfrageergebnisse zu Erfahrungen mit Hatespeech im Internet (Material 3, S. 26). Nutzen Sie als Grundlage Ihre Notizen zu den Aufgaben auf S. 27 im Kapitel 3.

6. Prüfen Sie an Ihrem Schreibplan (Aufgabe 2, S. 45 bzw. Aufgabe 1, S. 46), wo und zu welchem Zweck Sie die Umfrageergebnisse einsetzen können.

5.4 Materialinhalte direkt und indirekt zitieren

Sowohl indirekte als auch direkte Zitate aus den Materialien erfordern Redebegleitsätze und Redekennzeichnung, damit der Zuhörer nachvollziehen kann, aus welcher Quelle die Informationen stammen. Die folgenden Aufgaben zeigen Ihnen, wie Sie die Zusammenfassung von Materialinhalten kennzeichnen und wie Sie wörtlich zitieren können.

1. Ordnen Sie zu, welche Redekennzeichnung zu welchen Beispieltexten oder Materialien aus Kapitel 1 und 3 passt.

Redewiedergabe	redekennzeichnende Verben und Phrasen	passt zu Material/Beispieltext
Quellenrede	Einem Interview aus der Zeitschrift ... zufolge ...	
	Nach den Worten des Sprachwissenschaftlers ...	
	Die Broschüre ... enthält ...	
	Laut einer Umfrage von ...	
Redebericht	Wissenschaftler kritisieren ...	
	Der Politiker ... klagt ... an.	
	Experten meinen/berichten/befürchten/ geben zu bedenken/beklagen ...	

Wörtliches Zitieren

In einem Vortrag oder einer Rede kommen selten direkte Zitate zum Einsatz, da sie das Zuhören erschweren. Ein zielführend eingesetztes Zitat kann dagegen sehr wirkungsvoll sein. Da das Publikum Ihren Text nur hört, aber nicht sieht, erkennt es ohne klare Kennzeichnung durch den Redner / den Vortragenden nicht, ob eine Aussage ein Zitat darstellt. Zur Kennzeichnung von Zitaten können Sie folgende Formulierungen heranziehen:
• „Ich zitiere: (...)"
• „Zitat Anfang (...) Zitat Ende."
• „Er/Sie sagte wörtlich: (...)"
Darüber hinaus muss ein Zitat vom Redner immer erklärt oder bewertet werden, um Zustimmung oder Ablehnung zu signalisieren.

2. Notieren Sie in Ihrem Schreibplan (vgl. Aufgabe 2, S. 45 bzw. Aufgabe 1, S. 46), an welchen Stellen Sie ein Zitat einsetzen und welche Rede- bzw. Zitatkennzeichnung Sie verwenden wollen.

3. In Aufgabe 2 in Kapitel 4.3 (S. 49) sollten Sie den Originalschluss von Beispieltext B (S. 13) durch eine Zitatveränderung oder -weiterführung überarbeiten. Prüfen Sie, ob Ihr wörtliches Zitat bereits eine nachvollziehbare Redekennzeichnung enthält, und überarbeiten Sie es entsprechend.

6 Den eigenen Text überarbeiten

Das Kapitel bietet Ihnen drei Möglichkeiten, Ihren Text zu prüfen und zu überarbeiten.

6.1 Den Text anhand eines Flussdiagramms überprüfen

1. Überprüfen Sie mithilfe des Flussdiagramms, ob alle Anforderungen an Ihren Text erfüllt sind. Markieren Sie im Flussdiagramm und ggf. am Rand Ihres Textes, wo Sie unsicher sind.

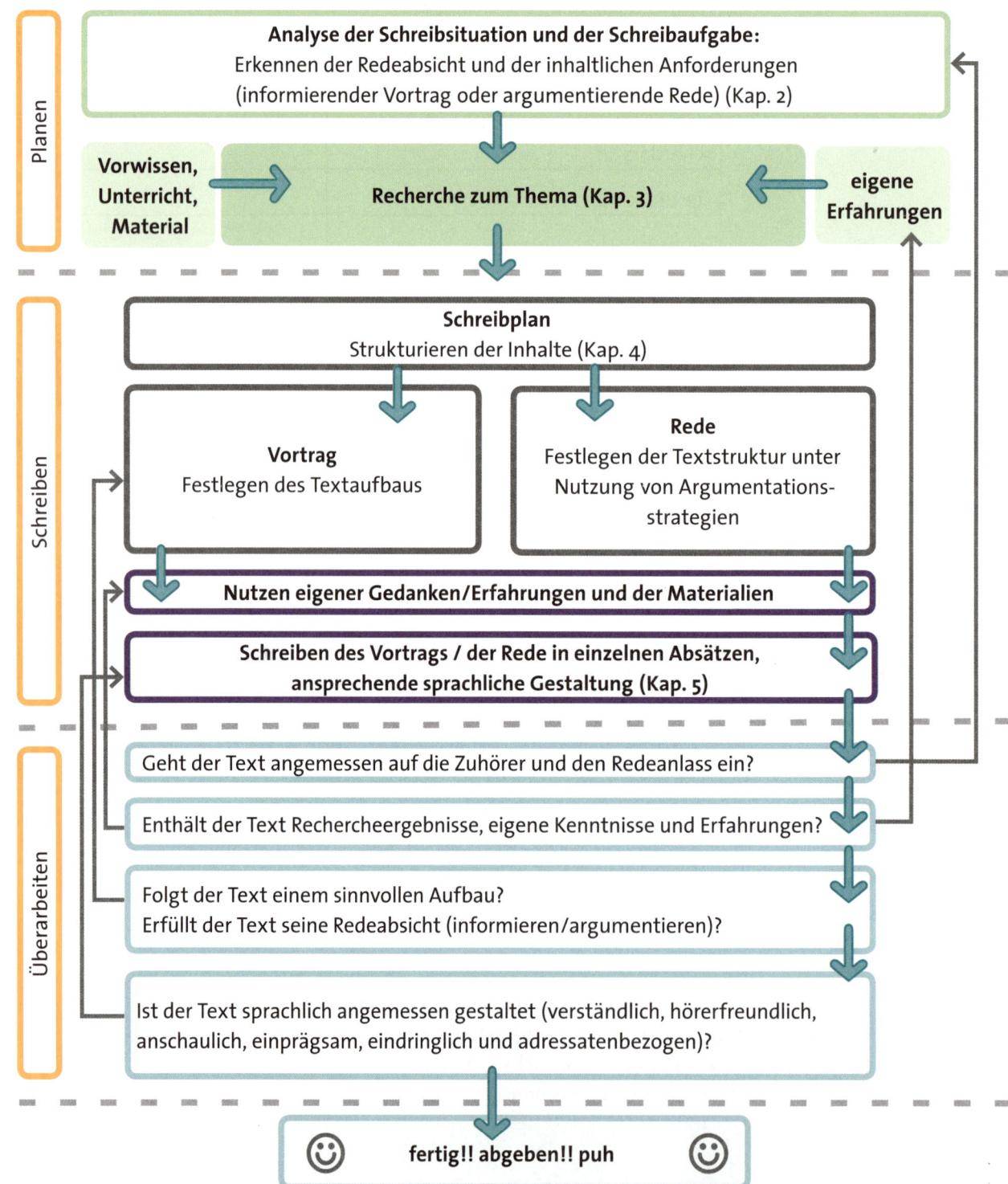

6.2 Den Vortrag / Die Rede vor Publikum halten

Wichtige Bausteine der „Angewandten Rhetorik"

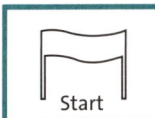 Start  Blick 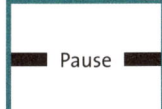 Pause  Körpersprache  Humor  Redefiguren

1. Formulieren Sie zu jedem Baustein aus der Grafik einen Tipp für eine/n gelungen gehaltene/n Rede/Vortrag. Prüfen Sie anschließend, ob Sie in Ihren Text Humor einbauen können bzw. wollen.

* **2.** Prägen Sie sich einen Absatz des Textes ein, sodass Sie ihn so frei wie möglich vortragen können. Tragen Sie diesen Teil einer Lerngruppe vor und halten Sie dabei Blickkontakt ◉.

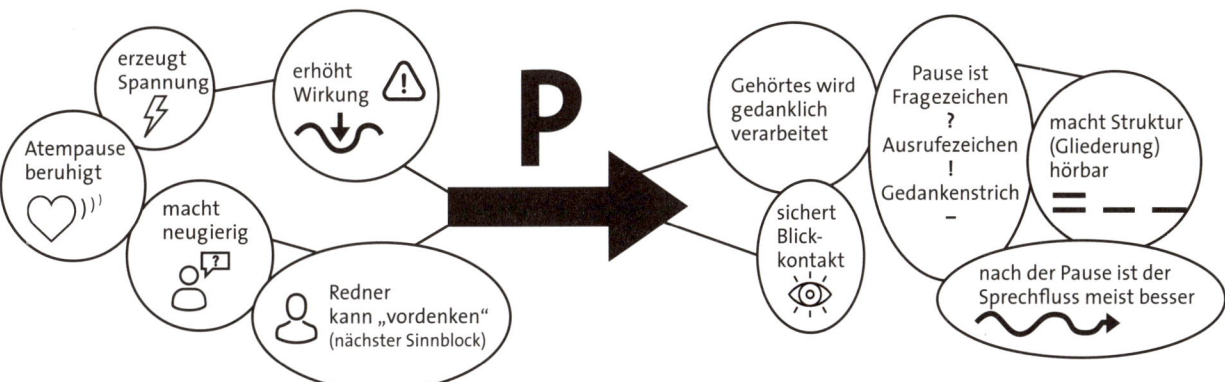

3. Markieren Sie mithilfe des obigen Schaubildes in Ihrem Text, an welchen Stellen Sie bewusst eine Pause setzen wollen, um eine dieser Funktionen umzusetzen.

* **4.** Tragen Sie in der Lerngruppe einen Absatz mit bewusst eingesetzten Pausen **P** vor. Denken Sie weiterhin an den Blickkontakt ◉.

* **5.** Reflektieren Sie gemeinsam, ob die Stelle und Länge der Pausen wirkungsvoll waren.

6. Überprüfen Sie anhand der Tipps im Infokasten die Gestaltung Ihres Textes und setzen Sie sie ggf. um.

Tipps zum textgebundenen Vortrag von einem Rednerpult aus:
- Stellen Sie immer wieder Blickkontakt her, um zu sehen, wie aufmerksam Ihre Zuhörer sind.
- Schreiben Sie Gesten, die Sie ausführen wollen, in Ihren Text, um wichtige Textstellen hervorzuheben.
- Markieren Sie Pausen und deren Länge, um wichtige/besondere/lustige Textstellen wirken zu lassen.
- Kürzen Sie Sätze, die Sie nicht in einem Atemzug sprechen können.
- Formatieren Sie Ihren Text so, dass Sie nach dem Aufblicken schnell wieder den Anschluss finden.

Den eigenen Text überarbeiten

6.3 Feedback einholen und den Text überarbeiten

1. *a.)* Legen Sie Ihren Vortrag / Ihre Rede Ihrem Lernpartner vor und lassen Sie ihn/sie den folgenden Feedbackbogen ausfüllen bzw. Zutreffendes ankreuzen.

 * *b)* Halten Sie Ihren Vortrag / Ihre Rede vor Ihrem Lernpartner.

Einstieg					
	Interesse wecken	Adressaten (Begrüßung und Anrede)	Redeanlass (Situation)	Thema (Position)	Überleitung (Redeabsicht)
Bausteine vorhanden: + / o / -					

Hauptteil			
sinnvoller und strukturierter Aufbau	ja ☐	teilweise ☐	nein ☐

Vortrag

Klärung des Begriffs „Hatespeech"	ja, sehr gelungen ☐	insgesamt gelungen, aber es ginge genauer/anschaulicher/umfassender ☐	kaum gelungen, denn es ginge weit genauer ... ☐
Darstellung der Ursachen	ja, sehr gelungen ☐	insgesamt gelungen, aber es ginge genauer/anschaulicher/umfassender ☐	kaum gelungen, denn es ginge weit genauer ... ☐
Darstellung der Erscheinungsformen	ja, sehr gelungen ☐	insgesamt gelungen, aber es ginge genauer/anschaulicher/umfassender ☐	kaum gelungen, denn es ginge weit genauer ... ☐

Rede

Lösungsansatz Politik/Recht/Gesetz	ja, sehr überzeugend ☐	etwas, aber es ginge genauer/anschaulicher/überzeugender ☐	kaum überzeugend ☐
Lösungsansatz des Einzelnen / der User / von Schüler/-innen und Eltern	ja, sehr überzeugend ☐	etwas, aber es ginge genauer/anschaulicher/überzeugender ☐	kaum überzeugend ☐

Rede

Lösungsansatz der Gemeinschaft / der Gesellschaft / der Schule	ja, sehr überzeugend ☐	etwas, aber es ginge genauer/ anschaulicher/über- zeugender ☐	kaum überzeugend ☐
Die Lösungsansätze wurden nicht nur genannt, sondern auch geprüft, d.h. begründet, belegt und bewertet	ja ☐	teilweise ☐	nein ☐
Materialverwendung, eigene Kenntnis- se und eigene Erfahrungen	sehr gelungen integriert ☐	teilweise eingebracht ☐	nicht zielführend / zu wenig ☐
Adressatenbezug durchgängig herge- stellt	sehr gelungen ☐	in Ansätzen ☐	kaum/zu wenig ☐

Schluss			
	Redeabsicht (Fazit mit Appell/Forde- rung/Mahnung)	Adressatenbezug	Bezug auf Redean- lass/Situierung
Bausteine vorhanden ... + / o / -			

Sprachliche Gestaltung

Hörerverständlichkeit	sehr gelungen ☐	ziemlich gelungen ☐	nur in Ansätzen vorhanden ☐	nicht vorhanden ☐
Eindringlichkeit	sehr gelungen ☐	ziemlich gelungen ☐	nur in Ansätzen vorhanden ☐	nicht vorhanden ☐
Anschaulichkeit	sehr gelungen ☐	ziemlich gelungen ☐	nur in Ansätzen vorhanden ☐	nicht vorhanden ☐
Betonung/Einprägsamkeit	sehr gelungen ☐	ziemlich gelungen ☐	nur in Ansätzen vorhanden ☐	nicht vorhanden ☐

2. Überarbeiten Sie mithilfe der Rückmeldungen Ihres Lernpartners Ihren Text.

Lösungen

1.1 Rhetorische Begriffe erarbeiten, S. 5

2. Strauß: Klarheit, Brecht: Redevorbereitung, Cicero: Übung, Tucholsky: Authentizität, Montesquieu: Tiefgang, arabisches Sprichwort: Anschaulichkeit, Schopenhauer: Verständlichkeit, Apostelgeschichte: Redeanlass/Redeabsicht

3. *Mögliche Lösungen:* **Redeanlass:** Beziehe die Situation in deine Rede / deinen Vortrag ein und berücksichtige durchgängig, wo und warum die Rede / der Vortrag gehalten werden soll! **Redevorbereitung:** Rede nie drauf los, sondern recherchiere die Hintergründe genau! **Redeabsicht:** Verdeutliche, welche Absicht du mit deiner Rede / deinem Vortrag verfolgst! **Authentizität:** Verstelle dich nicht, bleib du selbst! **Adressatenbezug:** Beziehe dich auf deine Zuhörer und binde sie ein! **Prägnanz:** Sag es kurz und knackig! **Tiefgang:** Nutze die Weite deines Themas und vermeide Oberflächlichkeit! **Klarheit:** Finde klare und deutliche Worte! **Übung:** Übe vor kleinerem Publikum und optimiere Gestik, Mimik und Aussprache.

1.2 Rede- und Vortragstexte unterscheiden – Beispieltext A: Inhalt und Aufbau, S. 9 ff.

1. 1. Z. 1–37: Allgemeiner Wandel der Kommunikationskultur durch Medien
2. Z. 38–115: Reaktionen auf neue Medien in der Kulturgeschichte
3. Z. 116–228: Auswirkungen neuer Medien auf die sprachliche Kommunikation
4. Z. 230–236 bzw. 258: Auswirkungen neuer Medien auf die personale Kommunikation
5. Z. 237–258: Unterscheidung von „Digital Natives" und „Digital Immigrants"

2. Skala zu den **Textfunktionen von Beispieltext A**, zum Beispiel: informativ (+), deskriptiv (+/o), argumentierend (o/-), appellierend (-), anschaulich (o/-), unterhaltsam (-) Eine individuelle, davon abweichende Lösung ist möglich, die Einordnung sollte aber am Text begründet werden können.

3. Textfunktion von Beispieltext A: hauptsächlich informieren, in Teilen zum Nachdenken anregen

4. Inhaltliche Tiefe von Beispieltext A: 80-90% (hoher Informationsgehalt)

5. *Mögliche Lösung:* Einfachheit-Kompliziertheit (o/-), Gliederung-Zusammenhanglosigkeit (++), Prägnanz-Weitschweifigkeit (o), Mündlichkeit-Schriftlichkeit (-), Zusätzliche Stimulanz-Keine Stimulanz (-) Eine individuelle, davon abweichende Lösung ist möglich, die Einordnung sollte aber am Text begründet werden können.

6. Struktur von Beispieltext A: 90%

7. *Individuelle Lösungen*

1.2 Rede- und Vortragstexte unterscheiden – Beispieltext A: Wirkung und Sprache, S. 11 f.

1. In beiden Fällen (Z. 135–144 und Z. 248–255) werden sprachliche Merkmale bzw. Fragen bloß aufgelistet. Die vielen Punkte sind für Zuhörer schwer nachvollziehbar, v.a. wenn sie - wie die Merkmale - nicht in Sätzen formuliert werden. Denkbar wäre, dass die Aufzählung im Vortrag durch Gestik unterstützt wird, indem der Redner mit den Fingern die Merkmale mitzählt. Doch insgesamt ist eine Auflistung von zehn Aspekten nicht zielführend. Besser nachvollziehbar sind im Gegensatz dazu die vier Fragen, weil sie in ganzen Sätzen formuliert sind und die Anzahl geringer ist.

2. Mögliche Verbesserungen wären: Unter dem hastigen Schreiben leidet die Rechtschreibung, man legt beispielsweise keinen Wert mehr auf die Groß- und Kleinschreibung oder die Zeichensetzung. Um noch mehr Zeit zu sparen, werden außerdem Abkürzungen verwendet oder Sätze abgekürzt. Wer sich vertippt, macht sich selten die Mühe, Tippfehler zu verbessern.

3. *Individuelle Lösung*

4. Z. 18: „Das Fachwort dafür ist Mediatisierung.", Z. 211: „Wie sieht es mit dem Lernen am Bildschirm aus?", **Auffälligkeit:** Formulierung der Überleitung in ganzen Sätzen bzw. in Form einer Frage → Verdeutlichung der Struktur des Vortrags für die Zuhörer; Z. 55: „Buch", Z. 74: „Fernsehen", Z. 94: „Computer", Z. 116: „Sprachliche Kommunikation", Z. 230: „Personale Kommunikation", Z. 237: „Digital Immigrants", Z. 243: „Digital Natives", **Auffälligkeit:** Überschriften oder Begriffe mit einem Doppelpunkt statt Überleitungen → geringe Nachvollziehbarkeit für Zuhörer

5. *Individuelle Lösung*

1.2 Rede- und Vortragstexte unterscheiden – Beispieltext B: Inhalt und Aufbau, S. 15 ff.

1. Z. 1–16: Menschenrechtsverletzung durch Belästigung in sozialen Netzwerken, **Funktion:** Begrüßung/Problemaufriss
Z. 17–39: Cybermobbing und seine Folgen, **Funktion:** Aufzeigen von Konsequenzen an Bsp. 1
Z. 40–62: Kommentare zur Flüchtlingsdebatte, **Funktion:** Aufzeigen von Konsequenzen an Bsp. 2
Z. 63–74: Grenzverletzungen als Thema des Wettbewerbs, **Funktion:** Verdeutlichung der Position, der Situation und Adressatenbezug
Z. 75–78: Fragen nach Interventionen, **Funktion:** Überleitung zu Maßnahmen und Lösungsansätzen
Z. 79–107: politische und rechtliche Maßnahmen, **Funktion:** Argument 1
Z. 108–127: Maßnahmen vonseiten der Unternehmen, **Funktion:** Argument 2
Z. 128–160: zivilgesellschaftliche Maßnahmen, **Funktion:** Argument 3
Z. 161–171: Appell an die Verantwortung aller Menschen, **Funktion:** Fazit und Appell
Z. 172–174: Hinweis auf Bekanntgabe der Gewinner des Wettbewerbs, **Funktion:** Dank und Situationsbezug

2. Problem: Menschenrechtsverletzung in sozialen Netzwerken: Beleidigung, Bedrohung, Belästigung, Mangel an Respekt, sprachliche Verrohung
Folgen: Folgen von Cybermobbing: fehlender Rückzugsraum, kein normales Leben mehr möglich, Suizid, negative Auswirkungen auf das reale Leben; Gefahr von Gewalt und Straftaten, die über sprachliche Äußerungen hinausgehen („vom Wort zur Tat", Z. 61 f.)
Maßnahmen:
- juristische und politische Maßnahmen: Wohnungsdurchsuchungen, Beschlagnahmung von Beweismitteln; Verhaftungen, Verurteilungen und Gefängnisstrafen; verschärfte Gesetzgebung
- Maßnahmen der Netzbetreiber: Löschen von Hasskommentaren
- Zivilgesellschaftliche Maßnahmen: Zivilcourage in Form von Widerspruch/Counterspeech und durch Unterstützung von Opfern

3. Textfunktionen des Beispieltexts B: sehr informativ (+), normativ (+), argumentierend (+), appellierend (+), sehr anschaulich (+), dagegen nur bedingt unterhaltsam (o/-)

4. Markieren der Beispiele im Text: Z. 19–26 (Hannah Smith, 14 Jahre, Suizid), Z. 47–51 und Z. 81–88 (Kommentar eines Mannes bei Facebook), Z. 54–61 (Durchsuchung von neun Wohnungen), Z. 102 f. (Nacktfoto/Prügelei), Z. 141 (Hinweis auf eine Internetseite)

5. Redeabsicht des Redners im Beispieltext B: hauptsächlich überzeugen, zum Nachdenken anregen und appellieren

6. Position und Redeabsicht des Redners, zum Beispiel:
- Der Redner möchte anhand mehrerer Beispiele von der Notwendigkeit von Zivilcourage im Netz überzeugen und fordert von verschiedenen Beteiligten entsprechende Maßnahmen.
- Der Redner regt zum Nachdenken an, denn er appelliert an die Zuhörer, Zivilcourage auch im Netz zu zeigen, indem man Opfern beisteht und sich Tätern entgegenstellt.

7. und **8.** *Individuelle Lösungen*

9. *Mögliche Lösungsansätze:*
- hohe Bedeutung sozialer Netzwerke durch öffentliche Plattform mit weitem Wirkungskreis und vielen Mit-Kommentatoren (vgl. Kommunikationsmodell, S. 24, Aufgabe 4)
- Möglichkeit zu schneller, unmittelbarer und unkontrollierter Verbreitung von Inhalten, die nur schwer wieder aus dem Netz getilgt werden können
- Gefahr durch ständige Konfrontation, kein Ende der Belästigung in privater Umgebung mit Gefühl ständiger Unsicherheit und Angst usw.

10. siehe Linktipp in der Aufgabe

1.2 Rede- und Vortragstexte unterscheiden – Beispieltext B: Form und Sprache, S. 17 f.

1. Z. 63: „Diese Beispiele zeigen"
Z. 75–78: „Was können wir alle zum Schutz der Menschenwürde im Netz tun? ... mit mehr Respekt begegnen"

Z. 79, Z. 108, Z. 128: „Erstens", „Zweiter Punkt", „Dritter und wichtigster Punkt für mich"
Urteil zum Vergleich: Die Überleitungen sind sehr strukturiert und für Zuhörer besser nachvollziehbar als in Beispieltext A, weil statt Überschriften Überleitungen formuliert werden und die Aufzählung dreier Aspekte durch eine Nummerierung verdeutlicht wird.

2. Tipps zur Strukturierung von Aufzählungen:
- Den Zuhörern ankündigen, wie viele Aspekte im Folgenden aufgezeigt werden
- Der Überleitung zu den jeweiligen Aspekten entsprechende Formulierungen voranstellen, z.B. „Als Erstes ist zu beachten ...", „Der zweite wichtige Punkt ist ...", „Der dritte Aspekt ist vielleicht der weittragendste ..."

3. Der Text ist recht zuhörerfreundlich (+). **Begründung:** u.a. wegen kurzer Sätze, vieler Beispiele, rhetorischer Fragen sowie Appellen usw.

4. Markierungen könnten an folgenden Textstellen vorgenommen werden:
direkter Adressatenbezug: Begrüßung (Z. 1–4), Schluss (Z. 172 ff.); **indirekter Adressatenbezug:** „Es hat enorme Auswirkungen auf **unser** reales Leben." (Z. 64 f.), „ich freue mich, dass sich daran so viele junge Leute beteiligt haben ... werden **wir** noch viele gute Ideen bekommen ..." (Z. 69–74), „Was können **wir alle** ... tun" (Z. 75–78), „Wenn **jemand** ..., dann muss man ..." (Z. 131–138), „Auch bei Mobbing im Netz **brauchen wir Menschen**, die nicht einfach wegklicken, sondern die handeln." (Z. 152 ff.), „**unserer** Mitschüler und Mitmenschen" (Z. 164)

5. Wir-Aussagen, z.B. Z. 75–78, v.a. bei den Maßnahmen ab Z. 79: appellative Wirkung, Hervorheben der Notwendigkeit von Interventionen, Einbezug der Zuhörer

1.2 Rede- und Vortragstexte unterscheiden – Zusammenfassung von Kapitel 1, S. 18

Unter einem Vortragstext (kurz: Vortrag) wird ein **informierender, fachlicher** Text im Sinne eines Fachvortrags verstanden. Zu einem bestimmten Fachgebiet werden dem Publikum wichtige Sachverhalte **strukturiert** und **anschaulich** vorgetragen. Das **Informieren** der Zuhörer steht hier im Vordergrund.
Unter einem Redetext (kurz: Rede) wird ein **argumentierender** Text verstanden. Dabei vertritt der Redner / die Rednerin eine **Position** zu einem bestimmten Thema. Das Publikum hört eine zugespitzte, **wertende** Rede, mit der die Zuhörer von der Position **überzeugt** werden sollen.

2.1 Die Schreibsituation analysieren, S. 20

Rahmen: Veranstaltung/Anlass: Abendveranstaltung zur Projektwoche der Oberstufe mit dem Thema „Lernen und Leben mit digitalen Medien"
Programm und Ablauf: allgemeine Begrüßung durch den Schulleiter; Vorträge, Diskussionen und Vorführungen zu festen Zeiten in drei Räumen; Besuch von Themenraum 4 und weiteren Fachräumen je nach Interesse ab 18.15 Uhr
Thema: Sprachgebrauch im Internet (Themenraum 1 bildet den spezifischen thematischen Hintergrund für die Rede / den Vortrag, nicht das allgemeine Thema der Abendveranstaltung)

Redner/-in: Rolle/Aufgabe: Oberstufenschüler/-in
Eigene Perspektive: eigene Erfahrungen als aktiver
Internetnutzer; Erfahrungen im schulischen Umfeld, im
Bekannten- und Freundeskreis
Zuhörer/-in und Adressaten: Alter: ca. 15-65 Jahre
(Schüler/-innen und Schüler, Eltern und Lehrkräfte)
Vorwissen: unterschiedlich hoch, je nach Vorbildung und
Erfahrung
Begrüßung und Ansprache: Höflichkeitsform „Sie";
„du"-Form, wenn sich der Vortrag / die Rede bewusst an
Schüler/-innen richten soll

2.2 Die Schreibsituation analysieren, S. 20

Individuelle Lösungen:
Hier könnte in tabellarischer Form abgegrenzt werden,
dass

- die Redeabsicht eines Vortrags das Informieren ist, in
diesem Fall über Erscheinungsformen und Ursachen
von Hatespeech. Dieser Begriff muss für Zuhörer geklärt
werden.
- die Redeabsicht einer Rede das Überzeugen ist. Als
thematischen Schwerpunkt sind die Möglichkeiten für
den Umgang mit Hatespeech gefordert. Hier müssen
für verschiedene Ebenen und für verschiedene Akteure
Lösungsansätze vorgestellt und geprüft werden.

Beide Aufgaben fordern den Einbezug der Materialien,
aber auch eigener Kenntnisse und Erfahrungen.

3.1 Die Materialien auswerten – Material 1, S. 24

1. Hatespeech ist eine sprachliche Äußerung und deshalb
in den verschiedenen Ausdrucksformen für Sprachwissenschaftler von Bedeutung. Da Hatespeech verschiedene
Straftatbestände erfüllt, allen voran die Volksverhetzung,
ist sie für Juristen bedeutend. Politiker formulieren und
verabschieden in verschiedenen Gremien (Bundestag,
Europarat) Gesetze, um Hatespeech als gesellschaftlichem
Problem zu begegnen.

2. Bedeutung von Hatespeech **für den Sender:** bewuss-
ter/absichtlicher Ausdruck und bewusste/absichtliche
Verbreitung von Hass
Bedeutung von Hatespeech **für den Empfänger:** gruppenbezogene Herabsetzung und Verunglimpfung
Problem: Hatespeech meint **keine** individuellen, situati-
ven Aussagen, sondern solche, die von einer Gruppe von
Betroffenen oder von der ganzen Sprachgemeinschaft als
herabwürdigend verstanden werden.

3. Direkte Form von Hatespeech:
- Zuschreibung von negativ besetzten Eigenschaften, auch
beim Aussehen: „Schlitzauge"
- Einteilung in verschiedene Kategorien und Herstellen von
Bedeutungszusammenhängen, z.B. bezogen auf Auslän-
der („Kanake", „Kopftuchmädchen", „Importbraut"), auf
soziale Schichten („Hartz-IV-Empfänger", „Proll") oder auf
Menschen mit Behinderung („Spast", „Mongo")
- Verwendung der Endsilbe -ler: „Hartz-4-ler", „Unter-
schichtler"
- Kombination von Nomen und Richtungsangabe: „Auslän-
der raus!", „Juden ins Gas!"

Indirekte Form von Hatespeech:
- Verbindung von Satzteilen mit einschränkenden Wörtern
wie „aber", „solange" etc. (zugrundeliegende Annahme:
Die Bezeichneten sind/verhalten sich sonst nicht so): „Er
ist Grieche, aber total fleißig", „Migranten sind willkom-
men, solange sie sich an unsere Gesetze halten."
- Nicht-Erwähnung in Zusammenhängen, in denen eine
Gruppe erwähnt werden müsste: systematische Nicht-
Erwähnung schwarzer Menschen

4. Problematisierung von Hatespeech anhand des Kommunikationsmodells: Ein Nutzer von Hatespeech (Sender)
fühlt sich in seinen Annahmen bestätigt, wenn vom Empfänger, in diesem Fall dem Opfer oder Stellvertreter, keine
Gegenreaktion erfolgt.
Soziale Netzwerke als Beispiel für Kommunikation durch
zweiseitigen Informationsaustausch: Da Kommunikation zweiseitig ist, sind auch User in sozialen Netzwerken
Sender und Empfänger, indem gepostete Bilder, Status-
symbole oder Sprüche geliked oder kommentiert werden.
Deshalb ist auch jede Nicht-Reaktion ein Signal. Weil ein
Sender, wenn er beispielsweise sein Profilbild ändert, Reaktionen erwartet, wird er enttäuscht sein, wenn niemand
die Veränderung beachtet. Im umgekehrten Fall erhält
jemand, der binnen kürzester Zeit viele Rückmeldungen
bekommt, unmittelbar Feedback.

5. *Individuelle Lösungen,* z.B. die Erfahrung, Kommentare
oder Bilder zu liken, zu teilen und zu kommentieren, die als
Cybermobbing gelten; die Erfahrung, Bilder hochzuladen
und keine bis wenige Reaktionen zu erhalten

3.1 Die Materialien auswerten – Material 2, S. 26

1. Zugrundeliegende Annahmen, Beispiellösungen:
„Der Staat will unsere Kinder zu Homosexuellen erzie-
hen.": Der Staat will uns schaden, Homosexuelle sind
schlechtere Menschen.
„Die Flüchtlinge haben alle teure Handys.": Flüchtlinge bekommen etwas vom deutschen Staat geschenkt. Flüchtlinge erhalten mehr als deutsche Bürger. Wer Flüchtling
ist, darf kein teures Handy besitzen.
„Die bedrohen ‚unsere' Frauen.": Unsere Frauen sind in
Gefahr. Flüchtlinge sind gefährlich.

2./3. Beispiellösungen:
- Verallgemeinerung: „Frauen gehören an den Herd!"
- Gleichsetzung und Beleidigung: „Alle Schwulen sind
Tunten!"
- falsche Aussagen: „Flüchtlinge tragen nur Markenkla-
motten."
- Verschwörungstheorien und Verbreitung uninformierter/
falscher Aussagen: „Es kann doch nicht ganz Afrika kommen."

Linktipp zu solchen und ähnlichen Aussagen und zu ihren
Widerlegungen:
- http://www.aktiv-gegen-diskriminierung.info/argumen-
tationshilfen
- https://www.proasyl.de/thema/rassismus/fakten-ge-
gen-vorurteile/

3.1 Die Materialien auswerten – Material 3, S. 27

1. und **2.** *Individuelle Lösungen*

3. Formulierung von Thesen zu den Umfrageergebnissen, z.B.: **Grafik 1:** 8 % aller Befragten geben an, sehr häufig Hasskommentare im Internet zu sehen. Dabei spielt das Alter der Befragten eine große Rolle. Während der Anteil der 14- bis 24-Jährigen, die sehr häufig solche Erfahrungen gemacht haben, bei 22% liegt, sinkt der Anteil mit zunehmendem Alter: Bei den 25- bis 44-Jährigen sind es mit 11% nur noch die Hälfte, bei 45- bis 59-Jährigen sinkt der Anteil auf 3%.; **Grafik 2:** Die höchste Zustimmung erhält mit 95% die Aussage, dass anonyme Hasskommentare über das Internet feige sind; an zweiter Stelle steht mit 72% die Aussage, dass solche Kommentare die Befragten wütend machen würden; mit 65% ist die Meinung am dritthäufigsten, eine Beschäftigung mit diesen Kommentaren wäre Zeitverschwendung; an letzter Stelle steht mit immerhin 18% Zustimmung die Ansicht, dass man für manche Hasskommentare Verständnis hat.

3.1 Die Materialien auswerten – Material 4, S. 29

1. Ursachen: Privatheitsillusion, Selbstöffnungstendenz, Ausprobieren neuer und anderer Verhaltensweisen, Gruppendynamik, Zugehörigkeitsgefühl
Konsequenzen: keine bewusste Wahrnehmung des Gegenübers und des Selbst, keine Übertragung der Regeln und Normen aus dem Alltag ins Netz, verschobene Wertvorstellungen, schwindende Selbstaufmerksamkeit, proletenhaftes Sozialverhalten, Verstecken hinter einer Masse und hinter Anonymität, Annahme von Verhaltensweisen aus Gruppen (relevant für „Ursachen für Hatespeech" in Schreibaufgabe A)

2. und **3.** *Individuelle Lösung*, vgl. Lösung zu Aufgabe 1

3.1 Die Materialien auswerten – Material 5, S. 32

1. Hetzerische Äußerungen im Netz haben zugenommen, weil …
* … die rassistischen Einstellungen, die laut Umfragen bei einem großen Teil der Bevölkerung vorhanden sind, wegen der Ermutigung durch Pegida offen artikuliert werden (vgl. Z. 39-55).
* … Hierarchien wegfallen und fehlende Face-to-face-Kommunikation zu verbaler Eskalation führt (vgl. Z. 56 ff.).
Gruppen spielen im Netz eine wichtige Rolle, weil …
* … es in Foren schnell zu Gruppendynamiken kommt (vgl. Z. 61 ff.).
* … sich Menschen in einer Gruppe in ihrer eigenen Meinung bestärkt fühlen und in dem Glauben, moralisch zu handeln, Aggressionen aufbauen (vgl. Z. 61-68).

2. *Beispiellösung:* Alle Menschen haben das Bedürfnis nach Bestätigung. Deshalb suchen sie die Nähe von Gleichgesinnten und filtern aus einer Fülle meist gegenteiliger Kommentare trotzdem diejenigen heraus, die ihre Annahmen bestätigen. Seine eigene Meinung zu hinter-

fragen und zuzulassen, dass jemand einem sagt, dass man nicht recht hat, erfordert hohes Reflexionsniveau, die Fähigkeit zur Perspektivübernahme und Empathie sowie Hintergrundwissen zu einem Thema, um Argumente in größere Zusammenhänge einordnen und besser bewerten zu können. Neben dem Verhältnis zu der Person, die einen überzeugen könnte, spielt auch deren Überzeugungs- und Argumentationsfähigkeit eine wichtige Rolle.

3. Gegenrede wirkt vor allem im engeren Bekannten-, Freundes- und Familienkreis (vgl. Z. 120-133, Z.180-185) durch das Aufgreifen und Akzeptieren der Gefühle von Hassrednern (vgl. Z. 147-150) und durch sachliches Argumentieren statt mit Spott, Ironie oder Häme (vgl. Z. 134-153).

3.1 Die Materialien auswerten – Materialien 6 und 7, S. 34

1. Rechtliche Möglichkeiten bei begangenen Hassreden: Strafanzeige, Löschung/Änderung des Kommentars, Schmerzensgeld/Anspruch auf Geldentschädigung
Rechtliche Möglichkeiten zur Verhinderung weiterer Hassreden: Unterlassungserklärung, Abmahnung

2. „Die Flüchtlinge haben alle teure Handys.": **Verleumdung**
„Schlampe!": **Beleidigung**
„Wenn Du Deinen Artikel nicht löschst, polier ich Dir die Fresse.": **Nötigung**
„Die sollte man alle verbrennen.": **Volksverhetzung**
„Dich Penner werde ich bekommen. Ich stech´ Dich ab!":
Bedrohung

3. Der Straftatbestand der **Volksverhetzung** betrifft das Kernphänomen Hatespeech, alle anderen Straftatbestände sind Begleiterscheinungen.

4. *Individuelle Lösungen*

3.1 Die Materialien auswerten – Material 8, S. 37

1. Counterspeech ist eine Form der Gegenstrategie, die in den USA seit den 1920er Jahren diskutiert wird. Hasskommentare werden durch aktive Gegenrede erwidert, die sachlich, ruhig und erklärend versucht, falschen Aussagen zu begegnen. Da sie die Verantwortung auf die Nutzer und damit auf jeden Einzelnen überträgt, bevorzugen auch Netzbetreiber diese Strategie. Selbst wenige Gegenreden sind wirkungsvoll, um Opfer zu unterstützen und ein einseitiges Meinungsbild zu verhindern. Denn wenn kein Widerspruch erfolgt, fühlt sich der Hassredner bestätigt. Bei Counterspeech sollte statt zu Ironie eher zu Argumenten gegriffen werden, da Lächerlichmachen die Gefühle der Hassredner nicht ernst nimmt und Gräben vertieft. Statt einer scharfen Abgrenzung von Hatespeech sollte eine argumentative Annäherung mit sachlicher und erklärender Gegenrede das Ziel sein.

2. Nutzen von Counterspeech:
* Hilfe für Opfer (M5, Z. 157-174)
* keine Notwendigkeit von Überwachung und Klarnamenpflicht (M8, Z. 96 ff.)

- niedrigschwellige Möglichkeit für alle, von ihrer Meinungsfreiheit Gebrauch zu machen (M8, Z. 86 ff.)
- keine Erfordernis für gemeinsamen Wertekanon (M8, Z. 86 ff.)

weitere eigene Überlegungen

Probleme von Counterspeech:
- Wirkung nur im engeren Bekanntenkreis (M5, Z. 120 ff.)
- hohes Frustrationspotenzial wegen geringer Wirkung (M5, Z. 175 ff.)
- Übertragung der Pflicht auf die Betroffenen selbst (M8, Z. 104 ff.)
- selektive und seltene Anwendung durch Nicht-Betroffene (M8, Z. 109 ff.)
- Animations- und Steigerungseffekte bei Hassrednern durch Gegenrede (M8, Z. 113 ff.)
- Erfordernis von (sprachlich) langen, geduldigen Erklärungen gegen kurze und wenig zeitaufwändige Hasskommentare (M8, Z. 122 ff.)
- Chance für Meinungsaustausch auf Augenhöhe (M8, Z. 132 ff.)

weitere eigene Überlegungen

3. 1. Gerüchte durch Fakten aus seriösen Quellen belegen
 2. bei Pauschalurteilen Belege einfordern

4. Notwendigkeit: Es ist wichtig zu zeigen, dass man solche Äußerungen nicht akzeptiert. Ein Nutzer von Hatespeech (Sender) fühlt sich in seinen Annahmen bestätigt, wenn vom Empfänger keine Gegenreaktion erfolgt. (vgl. Modell der zweiseitigen Kommunikation, S. 24, Aufg. 4); Ohne Reaktion könnte es zu weiteren, immer schlimmer werdenden Äußerungen oder Taten kommen. Bei der Gegenrede braucht das Opfer Unterstützung. Nicht-Betroffene wenden Gegenrede allerdings selten an (vgl. M 8, Z. 109 ff.). Eine Umfrage hat gezeigt, dass eine Beschäftigung mit Hasskommentaren für 65% der Befragten Zeitverschwendung ist, obwohl 95% solche Kommentare feige finden (vgl. M3, S. 26).
Schwierigkeit: Gegenrede erfordert Selbstbewusstsein, Mut und Energie und enthält ein hohes Frustrationspotenzial (vgl. M5, S. 31, Z. 178 ff.). Weil Gegenrede ausführliche Erklärungen und zeitaufwändige Kommentare benötigt, stehen sie den kurzen, wenig zeitaufwändigen Hasskommentaren gegenüber. Die Umfrageergebnisse haben gezeigt, dass vor allem junge Internetnutzer (14-24 Jahre) solche Hasskommentare im Internet sehen und dieser Anteil mit zunehmendem Alter sinkt (vgl. M3, S. 26). Doch gerade junge Menschen verfügen möglicherweise noch nicht über die Sprachkompetenz, den Mut, das Selbstbewusstsein und die Energie, Gegenrede aufzubringen. Auch Unsicherheit und die Zugehörigkeit zur eigenen Peer Group erschweren Counterspeech in dieser Altersgruppe.

5. *Beispiellösung:*
- Projekte zum Thema (z.B. Projekttag/-woche)
- Zusammenstellen von geeigneten Argumenten zu gängigen Hatespeech-Mustern auf Flyern oder Plakaten (siehe Linktipps in Lösungen zu Aufgaben 2/3, S. 26)
- Argumentationstraining, zum Beispiel im Rahmen des Wettbewerbs „Jugend debattiert"
- Aufklärung über rechtlichen Hintergrund und mögliche straf- und zivilrechtliche Maßnahmen

6. und **7.** *Individuelle Lösung*

3.1 Die Materialien auswerten – Material 9, S. 39

1. und **2.** *Individuelle Lösungen*

3.1 Die Materialien auswerten – alle Materialien, S. 39

Lösungsansätze und Akteure:
Counterspeech: v.a. im privaten Raum / Freundeskreis / bekannteren geschlossenen Chatgruppen (vgl. M 5) in Form von Bildern und Sprüchen, **Akteure:** individuelle User
Strafverfolgung nach einer Strafanzeige, Erreichen einer Unterlassungserklärung oder Anspruch auf Geldentschädigung (vgl. M6 und M7), Es gilt deutsches Recht (vgl. M9), **Akteure:** Justiz – Polizei und Staatsanwaltschaft
Löschen von Hasskommentaren (Lösungen in M5, M6, M8, M9), **Akteure:** Betreiber und Moderatoren (von Internetforen, sozialen Netzwerken), einzelne User durch Meldung strittiger Beiträge
Task-Force-Maßnahmen (Lösungen in M9), **Akteure:** Politik, Task Force (Zusammenschluss von Politikern mit Internetanbietern und zivilgesellschaftlichen Organisationen)

3.2 Materialien für die Schreibaufgabe auswählen, S. 40

1. Begriff: M1 (Texte 1-3), M5 (1. Absatz), M7 (1. Absatz: Rechtslage)
Erscheinungsformen: M1 (Text 3), M2, M3 (Häufigkeit und Wahrnehmung)
Ursachen: M1 (Text 3), M4, M5 (Z. 33-68)
Lösungsansätze: M5, M6, M7, M8, M9

2. Materialien für Aufgabe A: M 1-5 und M8
Materialien für Aufgabe B: M5-9, M1, Teile von M3 und M4

4.1 Den Text einleiten, S. 41 ff.

1. *Individuelle Lösungen*, z.B. Neugier wecken, mit einer Geschichte / einem Zitat einsteigen

2. Situation/Redeanlass: „Das ist die dritte Konferenz zu der Frage ..." (Z. 3 f.), „Im Mai 2013, als wir die erste dieser Konferenzen hatten ..." (Z. 8 f.): Aufgezeigt werden der Zeitraum sowie die Anzahl der bereits gehaltenen Konferenzen; die Begrüßung „meine wenigen Herren und meine vielen Damen" (Z. 2) verdeutlicht das Geschlechterverhältnis auf der Konferenz
Thema: „ ... ‚Frauen in Führungspositionen' – ein Thema, das uns ja auch in der Bundesregierung beschäftigt ..." (Z. 3 f). Der Titel wird explizit genannt und als „Thema" (Z. 4) hervorgehoben.
Eigene Position bzw. Expertise: „Ich brauche heute nicht darauf hinzuweisen, dass wir schon eine bewegte Geschichte zum Thema hinter uns haben." (Z. 7 f.) – Angela Merkel ist als Bundeskanzlerin ebenfalls eine Frau in Führungsposition, weshalb sie als Expertin spricht.

Absicht: „Ich brauche heute nicht darauf hinzuweisen … umgesetzt" (Z. 7 ff.): kurzes Aufzeigen von Erfolgen der Konferenz

3. a) (A) 2 (B) 3 (C) 1 (D) 6 (E) 4 (F) 7 (G) 5
b) *Individuelle Lösungen*

4. Beispieltext A: Einstiegsmöglichkeit 4: Der Einstieg beteiligt die Zuhörer am Redeherstellungsprozess und entlarvt die Frage als überflüssig.
Beispieltext B: Einstiegsmöglichkeit 7: Es wird das Grundgesetz zitiert, womit sich Maas auf geltende Normen beruft, um die eigene Botschaft aufzuwerten.

5. und **6.** *Individuelle Lösungen*

4.2 Den Hauptteil strukturieren – Einen Vortrag strukturieren, S. 45

1. Struktur von Beispieltext A: Möglichkeit 2 – Vom Allgemeinen zum Besonderen

2. und **3** Individuelle Lösungen

4.2 Den Hauptteil strukturieren – Eine Rede strukturieren, S. 46 ff.

1. bis **3.** *Individuelle Lösungen*

4. Z. 5-10: moralisch-ethisch, Z. 63-66: emotional, Z. 75-78: moralisch-ethisch, Z. 79-81: taktisch, Z. 92-97: rational, Z. 105-107: emotional, Z. 165-171: moralisch-ethisch

5. bis **8** *Individuelle Lösungen*

4.3 – Den Text beenden, S. 49

1. Länge: sehr kurz, **Inhalt:** Adressatenbezug, Redeanlass

2. *Individuelle Lösung*

3. Gemeinsamkeiten: Adressatenbezug, Redeanlass

4. *Individuelle Lösung*

5. Den Text sprachlich gestalten, S. 51

1. Überzeugen von der hohen Bedeutung und vom Nutzen des Debattierens für den Einzelnen (vgl. Z. 4-11, Z. 17-20 und Z. 33-37), für die Gesellschaft (vgl. Z. 21-25) und für die Politik (vgl. Z. 24-32)
Loben der Veranstaltung und der Finalistinnen und Finalisten: „deshalb könnt ihr mit Recht stolz darauf sein, bis in die Endrunde dieses Wettbewerbs gekommen zu sein." (Z. 12-15), „Und deshalb bedanke ich mich …, ich will Ihnen von Herzen danken" (Z. 109-113), „Und ich will Sie darin bestärken, dieses gute Werk weiter zu fördern." (Z. 113-115)

2. Nutzen für den Einzelnen: Wissensaneignung, Steigerung von Ausdrucks- und Argumentationsfähigkeit, Erwerb von Zuhörkompetenzen, mehr Sicherheit im freien Reden; Förderung von Zielstrebigkeit, Selbstbewusstsein und Fairness (vgl. Z. 4-11); Zunahme an Kompromissfähigkeit (vgl. Z. 44 ff.) und Mut (vgl. Z. 54 ff.)
Nutzen für die Gesellschaft: Auseinandersetzung zum Zwecke des gemeinsamen Verständnisses eines Problems (vgl. Z. 44 ff.) durch „das bessere Argument, de[n] leidenschaftlichere[n] Vortrag, de[n] gewitztere[n] Umgang mit Sprache" (Z. 99 f.), Debattieren als Zeichen für „höhere Zivilisationsstufe" (Z. 96 f.) durch Gewaltverzicht (vgl. Z. 94)

3. Bildliche Vorstellung zweier Gegner, die nach festen Regeln sachlich argumentieren, ohne dabei Grenzen zu überschreiten; bewirkt höhere Anschaulichkeit und Einprägsamkeit

5.1 Fürs Hören schreiben, S. 53

2. Mögliche Wirkung der Parataxe: prägnant, eindringlich, appellativ
Hypotaxe: „Streit kann dann fruchtbar sein, wenn man lernt, ihn auszuhalten." oder „Streit kann fruchtbar sein, aber man muss lernen, ihn auszuhalten." **Mögliche Wirkung:** belehrend, wichtigtuerisch

3. Gereihte Hauptsätze: Das Zugehörigkeitsgefühl in Gruppen und der Schutz der Anonymität fördern aggressives Verhalten. Ohne Gruppenbindung würde sich der Einzelne anders verhalten. Nur durch einen Perspektivwechsel beider Parteien könnte die Gegenrede Erfolg versprechen.

5. Formulierung von Thesen und Schlussfolgerungen zu Beginn oder am Ende eines Arguments, Wirkung: eindringlich
Darbietung von Feststellungen innerhalb eines Arguments, Wirkung: plausibel, überzeugend

6. Gegensätze: „weder – noch – sondern" (Text A, Z. 107 ff.), „weniger an … interessiert, als daran …" (Text A, Z. 149-153), „Aber das ist nur eine Seite. Es gibt …" (Text A, Z. 167); „nicht nur … auch", „aber" (Text B, Z. 40 f. und Z. 161-165), „nur dann …, wenn" (Text B, Z. 90 f.); „das muss nicht unbedingt heißen, dass … Es kann heißen, dass …" (Text C, Z. 42-46), „Es kann eine Lust sein …, und es kann Unlust entstehen, wenn …" (Text C, Z. 101-104)
Aufzählungen: „Hier stellen sich Fragen wie: …" (Text A, Z. 246-255), „Man muss dabei grob zwei Gruppen unterscheiden." (Text A, Z. 235 f.) „Ich sehe da vor allem drei Akteure" (Text B, Z. 78), „Erstens" (Text B, Z. 79), „Zweiter Punkt" (Text B, Z. 108), „Dritter und wichtigster Punkt" (Text B, Z. 128); „wir haben gleich zwei Arten …: einmal … und einmal …" (Text C, Z. 67-70)

5.2 Adressatenbezug herstellen, S. 55 f.

1.

Merkmal	Umsetzung in Beispieltext B	Umsetzung in Beispieltext C
direkte und indirekte Anrede	„..., dass sich daran so viele junge Leute beteiligt haben." (Z. 69 f.) „Herzlichen Dank, dass ihr bei diesem Wettbewerb mitgemacht habt ..." (Z. 172 f.)	„liebe Finalistinnen und Finalisten" (Z. 12 und Z. 105)
Formulierungen aus der Perspektive der Zuhörer	„Wenn wir gleich die Beiträge der Preisträger etwas näher kennenlernen" (Z. 70 ff.)	„Viele haben das Bild vor Augen ..." (Z. 79 f.)
Beispiele aus der Lebenswelt der Adressaten	„Hannah Smith war 14 Jahre alt ..." (Z. 19 ff.) „Das Nacktfoto aus der Umkleidekabine oder das Foto von der Prügelei im Pausenhof" (Z. 102 ff.)	„Wenn wir [...] in unser tägliches Leben schauen, wird auch da ständig debattiert – mit Freunden, mit der Familie." (Z. 33 ff.)
die Aufmerksamkeit fesselnde Erzählungen und anschauliche Beschreibungen	„Nicht alle Menschen waren damit einverstanden ..." (Z. 42 ff.)	„Streitkolben" (Z. 79-97)
an das Publikum gerichtete Fragen und Ausrufe	„Was können wir alle zum Schutz der Menschenwürde im Netz tun? Was können wir tun, damit wir uns auch im Netz mit mehr Respekt begegnen?" (Z. 75 ff.) „Das ist kein Streich mehr! Wer so was ins Netz stellt, handelt kriminell!" (Z. 106 f.)	„Aber warum?" (Z. 1) „Debattieren ja!" (Z. 1)
Ich-Botschaften, die die Redesituation bewusstmachen	„Ich freue mich" (Z. 69) „ich will jetzt schon mal die Frage stellen" (Z. 73f.) „Politiker wie ich" (Z. 80) „Dritter und wichtigster Punkt für mich" (Z. 128) „Ich finde, wir sollten alles dafür tun" (Z. 169 f.)	„Ich habe manchmal den Eindruck ..." (Z. 47 ff.), „beobachte ich in jüngster Zeit ..." (Z. 61 ff.), „bedanke ich mich ..." (Z. 109)

2. und **3.** *Individuelle Lösungen*

4. Vorschläge für die Überarbeitung von Beispieltext A für einen Vortrag vor Oberstufenschüler/-innen und -schülern, z.B.:
- mehr Ansprache und Einbezug der Zuhörer, v.a. bei der Unterscheidung von „Digital Immigrants" und „Digital Natives" und durch Beispiele aus dem Alltag von Jugendlichen
- Vereinfachung des Satzbaus
- Kürzung von Fremdwörtern und Fachbegriffen (z.B. Begriffe aus den Fußnoten und sprachliche Merkmale wie „Elisionen", „Inflektive", die Schülerinnen und Schüler oft nicht kennen)
- Erklärung wichtiger/notwendiger Fachbegriffe

5. *Individuelle Lösung*

6.

Adressatenbezug	emotional	moralisch/ ethisch	plausibel	taktisch	rationnal
- Formulierungen aus der Perspektive der Zuhörer	✗	✗		✗	
- lebensnahe Beispiele			✗		
- Fragen und Ausrufe	✗	✗			
- Ich-Botschaften			✗		

5.3 Anschaulich, eindringlich und einprägsam schreiben, S. 57 f.

1. „Beurteilung der sprachlichen Gestaltung und rhetorischen Mittel von Beispieltext C (Z. 1-46):
- (++) **Eindringlichkeit und Betonung durch Wiederholungen** („debattieren" in Z. 1, 2 und 3, „verständlich" in Z. 6 und 7 sowie „verständigen" in Z. 8, „gute Debatte" in Z. 17 und 19), **Ausruf und rhetorische Frage** („Debattieren ja! Aber warum?", Z. 1)
- (0/-) **Anschaulichkeit durch Vergleiche** („Gucken wir mal auf den Deutschen Bundestag ... Wenn wir aus dem Parlament in unser tägliches Leben schauen ...", Z. 24-35)
- (++/+) **Einprägsamkeit durch Anadiplosen** („... hören einfach nicht auf, uns auseinanderzusetzen. Sich auseinandersetzen ..." in Z. 37 f. und „... doch wieder zusammenfinden. Und zusammenfinden, das muss ...", Z. 41 f.) und **Parenthesen** („genau besehen", Z. 18)

2. und **3.** Individuelle Lösungen

4. **Mögliche Aufbereitung von Material 1 für eine Rede / einen Vortrag:**
Durchschnittlich betrachtet verschickt ein Nutzer bei WhatsApp 42 Nachrichten täglich. Wenn man davon ausgeht, dass ein Mensch sieben Stunden pro Tag schläft, bleiben von 24 Stunden noch 17 Stunden übrig, in denen er Nachrichten senden kann. Das heißt, dass jeder Nutzer pro Stunde im Schnitt zwei bis drei Nachrichten fabriziert. Ich hoffe, Sie warten mit diesen zwei Nachrichten auf das Ende dieses Vortrags. (Ziel: Adressatenbezug, Appell) *oder:* „WhatsApp hat eine Milliarde Nutzer und 42 Milliarden Nachrichten täglich." Diese Zahlen haben es in sich: Jeder Nutzer verschickt im Durchschnitt also 42 Nachrichten täglich über WhatsApp. Können Sie sich vorstellen, dass Sie selbst mindestens 42 Mal am Tag auf Ihr Smartphone schauen und einen Text produzieren? Rechnen Sie sich aus, wie oft Sie – ohne zu schreiben – einen Blick auf Ihr Gerät werfen. Ich schätze, dass man die Zahl 42 mindestens verdoppeln müsste. (Ziel: Einprägsamkeit durch Wiederholung der Zahl 42)

Mögliche Aufbereitung von Material 2 für eine Rede / einen Vortrag:
Würde ich heute in unserer Schule eine Umfrage durchführen, um herauszufinden, welche Messenger oder soziale Netzwerke die Schülerinnen und Schüler benutzen, wäre mit einer fast hundertprozentigen Nutzung von WhatsApp zu rechnen. Denn die JIM-Studie 2016 hat ergeben, dass Jugendliche aller Altersgruppen, gemeint ist die Spanne von 12 bis 19 Jahren, zu über 90% WhatsApp haben. Zugegeben, überraschend ist das angesichts des

Bekanntheitsgrads des Messengerdienstes nicht. Jeder kennt aber auch Facebook. Können Sie sich vorstellen, dass dieses weit verbreitete soziale Netzwerk nicht von allen Jugendlichen genutzt wird? Tatsächlich sind laut JIM-Studie unter den 18- bis 19-Jährigen, also den Mitgliedern unserer Q12, nur etwa 70% als User dieser Plattform zu erwarten. Und der Anteil nimmt sogar deutlich ab, je jünger die Jugendlichen sind. Von den Jüngsten, die von der Studie erfasst wurden, vergleichbar unseren Sechst- oder Siebtklässlern, sind nur 13% bei Facebook. Bei ihnen dominieren die Messengerdienste: neben WhatsApp Instagram und Snapchat. Sind die Tage von Facebook also gezählt? (Ziel: Adressatenbezug und Veranschaulichung durch Vergleich mit Jahrgangsstufen und Altersgruppen)
5. und **6.** *Individuelle Lösungen*, entsprechend der Lösung zu Aufgabe 4

5.4 Materialinhalte direkt und indirekt zitieren, S. 59.

1. Einem Interview aus der Zeitschrift … zufolge: Material 4 (Interview der FAZ mit Catarina Katzer),
Nach den Worten des Sprachwissenschaftlers …: Material 1 und 8 (Anatol Stefanowitsch, Professor für Sprachwissenschaft an der Freien Universität Berlin),
Die Broschüre … enthält …: Material 2 (Broschüre „Hatespeech – Hass im Netz. Informationen für Fachkräfte und Eltern"),
Laut einer Umfrage von …: Material 3 (Umfrage im Auftrag der Landesanstalt für Medien Nordrhein-Westfalen, „Ethik im Netz. Hatespeech")
Wissenschaftler kritisieren … : Beispieltext A (Psychologe und Kommunikationswissenschaftler: Steffen-Peter Ballstaedt), Material 1 und 8 (Sprachwissenschaftler Anatol Stefanowitsch), Material 5 (mehrere Wissenschaftler: Soziologe Simon Teune, Sozialpsychologe Ulrich Wagner),
Der Politiker … klagt … an: Material 9 (Task-Force-Maßnahmen), Beispieltext B (Bundesminister der Justiz und für Verbraucherschutz Heiko Maas), Fachleute meinen/berichten …: Material 5 (mehrere Aussagen verschiedener Experten, z.B. Soziologe Simon Teune; Sozialpsychologe Ulrich Wagner; Helga Seyb, Beraterin von „Reach Out"; zusammengetragen von der Journalistin Astrid Herbold in ZEIT ONLINE)

2. und **3.** *Individuelle Lösungen*

6.1 bis 6.3 – S. 60 – 63

Individuelle Lösungen

Textquellen

S. 5 Zitate von **Schopenhauer** aus: http://muster.daszitat.de/?id=412 / **Brecht** aus: http://gutezitate.com/zitat/237147 / **Cicero** aus: http://www.zitate.de/autor/Cicero,+Marcus+Tullius / **Strauß** aus: http://www.gutzitiert.de/zitat_autor_franz_josef_strauss_thema_reden_zitat_23613.html / **Arabisches Sprichwort** aus: https://rhetorikseminar.org/redner-macht-die-menschen-mit-den-ohren-horen-zitate/ **Tucholsky** aus: http://www.kurt-tucholsky.info/ratschlaege-fuer-einen-guten-redner / **Montesquieu** aus: https://www.aphorismen.de/zitat/6364 / **Apostelgeschichte** aus: https://www.bibleserver.com/text/HFA/Apostelgeschichte19,32 , alle aufgerufen am 17.02.2017

S. 6 **Steffen-Peter Ballstaedt, Verändert das Internet unsere Kommunikation?**, aus: http://www.ballstaedt-kommunikation.de/wp-content/uploads/Vortrag-Internet-kommunikation.pdf, aufgerufen am 02.12.16 und gekürzt

S. 10 **Friedemann Schulz von Thun, Skala der Textverständlichkeit,** aus: ders., Miteinander reden. Band 1. Störungen und Klärungen, Rowohlt, Reinbek bei Hamburg 1981, S. 150

S. 13 **Heiko Maas, Die Würde des Menschen ist unantastbar – außer im Internet?,** aus: http://www.bmjv.de/SharedDocs/Reden/DE/2016/05272016_DAV_Schuelerwettbewerb.html?nn=6704226, aufgerufen am 09.01.2017

S. 21 **Wieso benutzen wir den Begriff Hatespeech?;** aus: „Geh sterben!“ – Umgang mit Hate Speech und Kommentaren im Internet, Broschüre der Amadeu-Antonio-Stiftung, deren Ziel es ist, antidemokratischen Tendenzen entgegenzutreten, 2015, S. 8, zitiert nach: https://www.amadeu-antonio-stiftung.de/w/files/pdfs/hate-speech.pdf, aufgerufen am 09.01.2017

S. 21 **Was ist Hatespeech?,** aus: „Hate Speech – Rechtsfragen“: Merkblatt der Arbeitsgemeinschaft Kinder- und Jugendschutz Landesstelle Nordrhein-Westfalen e.V., zitiert nach: http://www.ajs.nrw.de/wp-content/uploads/2016/06/AJS-Merkblatt_Hate-Speech_Rechtsfragen.pdf, aufgerufen am 09.01.2017

S. 21 **Anatol Stefanowitsch, Was ist überhaupt Hatespeech?,** aus: Amadeu-Antonio-Stiftung: „Geh sterben!“ – Umgang mit Hatespeech und Kommentaren im Internet (S.11-13), zitiert nach: https://www.amadeu-antonio-stiftung.de/w/files/pdfs/hatespeech.pdf, S. 11, aufgerufen am 09.01.2017

S. 24 **Kommunikation als zweiseitiger Informationsaustausch,** aus: Günter Bentele und Klaus Beck, Information – Kommunikation – Massenkommunikation: Grundbegriffe und Modelle der Publizistik und Kommunikationswissenschaft. In: Otfried Jarren, Medien und Journalismus 1 (S. 15-50), Westdeutscher Verlag, Opladen 1994, S. 23

S. 25 **Muster und Beispiele von Hatespeech,** aus der Broschüre „Hatespeech – Hass im Netz. Informationen für Fachkräfte und Eltern", zitiert nach: http://www.klicksafe.de/service/aktuelles/news/detail/hate-speech-aktuelle-erkenntnisse-und-neue-broschuere/, aufgerufen am 09.01.2017

S. 28 **Psychologie des Internets – Warum sich Menschen online danebenbenehmen,** Interview von Andrea Diener mit der Volkswirtin und Sozialpsychologin Catarina Katzer, erschienen am 04.02.2016 in der Frankfurter Allgemeinen Sonntagszeitung, zitiert nach: http://www.faz.net/aktuell/feuilleton/medien/catarina-katzer-im-interview-ueber-psychologie-des-internets-14048632-p2.html?printPagedArticle=true%20-%20pageIndex_2, aufgerufen am 09.01.2017 und gekürzt

S. 29 **Astrid Herbold, Hatespeech – Argumente sind kein Allheilmittel,** aus: http://www.zeit.de/digital/internet/2016-02/hatespeech-counterspeech-facebook-forschung/komplettansicht, aufgerufen am 09.01.2017 und gekürzt

S. 32 **Strafrechtliche Möglichkeit und zivilrechtliche Möglichkeiten,** aus: Auszüge aus der Broschüre „Hatespeech – Rechtsfragen" (2016), zitiert nach: http://www.ajs.nrw.de/wp-content/uploads/2016/06/AJS-Merkblatt_Hate-Speech_Rechtsfragen.pdf , aufgerufen am 09.01.2017

S. 33 **Rechtslage und Straftatbestände,** aus: aus: Auszüge aus der Broschüre „Hatespeech – Rechtsfragen" (2016), zitiert nach: http://www.ajs.nrw.de/wp-content/uploads/2016/06/AJS-Merkblatt_Hate-Speech_Rechtsfragen.pdf , aufgerufen am 09.01.2017

S. 35 **Anatol Stefanowitsch, Der Kampf gegen Hassreden ist nicht zu gewinnen, aber muss geführt werden,** aus: https://irights.info/artikel/der-kampf-gegen-hassrede-ist-nicht-zu-gewinnen-aber-muss-gefuehrt-werden/26735, aufgerufen am 09.01.2017 und gekürzt

S. 41 „**Die Rede hat immer einen Anfang und meistens einen Schluss ...**", aus: http://www.zitate.de/autor/Rommel,+Manfred?page=3, aufgerufen am 20.03.2017

S. 41 **Liebe Frau Bundesministerin Schwesig, meine wenigen Herren und meine vielen Damen** (Auszug aus der Rede von Bundeskanzlerin Merkel zur 3. Konferenz „Frauen in Führungspositionen" am 19. Oktober 2016), aus: https://www.bundesregierung.de/Content/DE/Rede/2016/10/2016-10-19-rede-merkel-frauen-in-fuehrungspositionen.html;jsessionid=CB4113EEA724D29501E905A4A447119F.s2t2, aufgerufen am 20.03.2017

S. 47 **Argumentationsstraegien** in Anlehnung an: http://wortwuchs.net/argumenttypen/ und http://www.rhetorik.ch/Argument/Argument.html und Marcus Knill, „Natürlich, zuhörerorientiert, aussagezentriert reden", nach: http://www.knill.com/ebooks/knill_reden.pdf, alle aufgerufen am 13.03.17

S. 49 **Die Würde ist antastbar,** Ferdinand von Schirach, Piper Verlag, München, 2014

S. 49 **Grundgesetz, Artikel 1,** zitiert nach: https://www.gesetze-im-internet.de/gg/art_1.html, aufgerufen am 14.03.2017

S. 50 **Vortrag des ehemaligen Bundespräsidenten Joachim Gauck** zur Preisverleihung von „Jugend debattiert" Berlin, 18. Juni 2016, aus: http://www.bundespraesident.de/SharedDocs/Reden/DE/Joachim-Gauck/Reden/2016/06/160618-Bundesfinale-Jugend-debattiert.html, aufgerufen am 22.10.16

S. 52 **Hörverständlichkeit** in Anlehnung an: Kathrin Adamski: Ich verstehe nur Bahnhof - sprechen für's Hören, http://www.bmtd.de/sprechtraining-fuer-interviews.html, aufgerufen am 15.03.17

S. 58 „**WhatsApp hat 1 Milliarde Nutzer und 42 Milliarden Nachrichten täglich.",** aus: http://www.manager-magazin.de/unternehmen/it/whatsapp-hat-jetzt-mehr-als-1-milliarde-nutzer-a-1075181.html, aufgerufen am 24.02.2017

Bildnachweis

Bundesministerium der Justiz und für Verbraucherschutz, Berlin – S. 38; JIM-Studie 2016, Medienpädagogischer Forschungsverbund Südwest, www.mpfs.de – S. 58; Landesanstalt für Medien Nordrhein-Westfalen, Düsseldorf – S. 26 (2); Thinkstock / Wavebreakmedia Ltd. – S. 29 (2); ullstein bild / Popow – S. 50; - / Seyboldt – S. 41